아인슈타인부터 스티브 잡스까지,
좋아하는 것에 몰입하는 힘

좋아하는 힘으로 세상을 바꾼 위인들

오가와 아키코 글 | 노부미 그림 | 고향옥 옮김

길벗스쿨

들어가는 말

안녕하세요. 이 책의 작가이자 그림책 강사인 오가와 아키코입니다. 저는 어릴 적부터 글을 읽고 그림 보는 것을 좋아해서 늘 책을 끼고 살았습니다. 그러다 보니 자연스레 어린이 책을 만들고, 또 읽어 주는 일을 하게 되었습니다.

그동안 수많은 위인전을 읽으며 알게 된 사실이 하나 있어요. 세상을 바꾼 위대한 사람들은 모두 자기가 좋아하는 한 가지 일에 푹 빠져 있었다는 거예요. 좋아하는 것에 집중할 때는 다른 것이 눈에 들어오지 않았고, 누가 말을 걸어도 귀에 들어오지 않았죠. 그래서 위인들은 조금 '별난 아이'로 오해받는 일이 많았답니다.

그런데 그거 아세요? 무언가를 너무 좋아해서 그것에 몰입하는 힘이 있다는 것은 정말 대단한 일이에요. 좋아하니까 끊임없이 아이디어가 떠오르고, 실패해도 다시 일어설 수 있는 거지요. 그리고 그런 어린이가 나중에 자라면 큰 힘을 발휘할 수 있답니다. 이 책에 나오는 인물들처럼요.

이 책에는 세계적인 위인들이 어린 시절에 한 가지 일에 푹 빠져서 벌

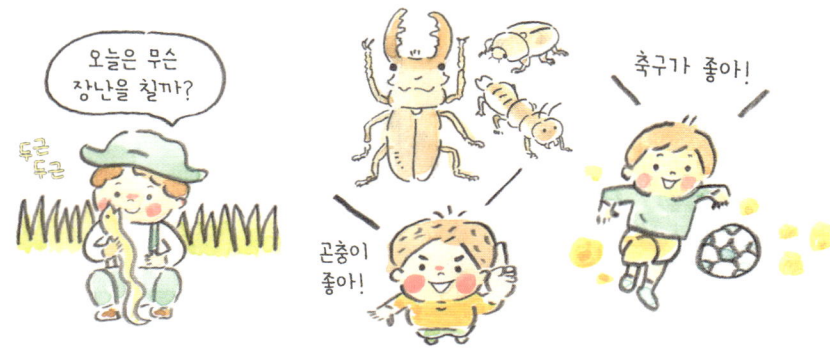

어진 재미있는 에피소드들이 가득 담겨 있습니다.

'그런 일까지 했다고?'라며 깜짝 놀라거나 엉뚱한 행동에 배꼽 잡고 웃거나, '맞아! 그럴 수 있지!'라며 고개를 끄덕이며 책을 읽게 될 거예요. 다 읽고 나면 책 속의 위인들이 내 옆에 있는 것처럼 친근하게 느껴질 것입니다.

그런데 말이에요, 위인들만 특별한 것은 아닙니다. 어린이들은 저마다 '좋아하는 것'에 있어서는 시간이 가는 줄 모르고 몰입할 수 있는 천재성을 지니고 있지요.

이 책을 통해 위인들이 어떤 것에 푹 빠져 있었는지 알아보세요. '이렇게 좋아하는 일에 푹 빠져 있어도 되는구나!'라는 생각이 든다면 여러분은 이미 1단계를 성공한 거예요. 그다음 단계는 여러분이 좋아하고 잘하는 것에 마음껏 몰입하고, 즐기면 되는 거죠.

좋아하는 일을 생각하면 두근두근 가슴이 막 뛰나요? 그런 설렘을 어른이 되어서도 이어 나가기를 바랍니다.

오가와 아키코

안녕!
내 이름은 누리라고 해.
너희들 이거 알아?
위인이라고 불리는
훌륭한 사람들은
모두 한 가지 일에
푹- 빠졌던 경험이 있대!

꺄아아오~!

나는 공룡에 푹 빠졌어.
내 별명은 공룡 박사야!

너는 무엇을 좋아해? 동물? 축구?
기차? 역사? 어, 공부라고?
나는 공룡을 좋아해.
공룡을 너무 좋아해서 공룡 이름과
공룡이 살았던 시대에 대해서는 모르는 게
거의 없어. 공룡 그림도 잘 그리지.
친구들은 이런 나를 공룡 박사라고 불러.

좋아하니까 나도 모르게
열심히 하게 된다!

공룡을 너무 좋아해서 공룡에 대한 책을 읽고, 공룡 그림을 그렸더니 어느새 공룡에 대해서라면 뭐든지 알게 되었어. 좋아하니까 더 알고 싶고, 그림도 더 잘 그리고 싶더라. 너희들도 그럴 거라 생각해.

'좋아하는 힘'은 정말 대단해!

너는 무엇을 좋아해? 곤충? 우주? 패션?

실험에 푹 빠져서
위대한 발명왕이 된 에디슨

에디슨이 누군지 알지?
전구와 축음기를 만든 '발명왕'!

에디슨 덕분에 사람들의 생활은
편리해지고 즐거워졌어.
그런 발명왕도 어린 시절에는
뭐든지 실험해 보지 않으면
직성이 풀리지 않았던 못 말리는
'실험광'이었지.
하늘을 날고 싶은 마음에 친구에게
위험한 약을 먹인 적도 있대!

가스는 가벼워서 뜨니까 사람이 먹으면 하늘을 날 수 있을지 몰라! 좋아, 실험해 보자!

실험에 실패해도 포기하지 않았어!

에디슨의 실험은 실패한 적이 많았어.
하지만 에디슨의 어머니는
늘 에디슨을 인정하고 격려해 줬지.
만약 어머니가 실험을 못하게 했다면 에디슨은
위대한 발명왕이 되지 못했을지도 몰라.

이렇듯 역사에 이름을 남긴 위인 중에는
어린 시절에 뭔가에 깊이 빠져 있던 사람이 많아.

도형은 하루 종일 봐도 재밌어!

전자 기기 조립에 푹 - 빠졌던 잡스

우와, 소리가 나와!

수학에 푹 - 빠졌던 파스칼

남과 달라서 멋지다!
자신이 '좋아하는 것'을
소중히 여기자!

좋아하는 것에 몰입하는 힘이 세상을 바꾼다!

위인으로 알려진 사람들은 어렸을 때 모두 무엇인가에 푹 빠져 있었어.
아침에 일어나서 밤에 잘 때까지, 어쩌면 자는 동안에도
오로지 그것만 생각했을 정도로 말이야.
그 일에 푹 빠져 지내다 보면 다른 것은
눈에 들어오지 않게 돼.
어른들이 보기에는 걱정될지도 몰라.
'저래도 될까?' 하고 말이야.
하지만 그렇게 좋아하고 몰입했기 때문에
세상을 바꿀 수 있었던 거야!

실험이 좋아!
에디슨

호기심으로 '하늘을 나는 약'을 만들어 친구에게 먹였다!

공부가 좋아!
마리 퀴리

먹는 것도 잊을 정도로 공부를 좋아했다!

즉흥 연주가 좋아!
베토벤

즉흥 연주 실력으로 천재 모차르트를 충격에 빠뜨리다!

장난이 좋아!
마크 트웨인

최면에 걸린 척 장난쳐서 마을 사람들 모두를 속이다!

코믹 연기가 좋아!
찰리 채플린

고작 다섯 살의 나이에 객석을 웃음바다로 만들다!

도면이 좋아!
라이트 형제

원하는 것은 뭐든지 도면을 그려서 직접 만들었다!

시와 편지가 좋아!
괴테

시와 편지를 사랑한 소년, 전설적인 작가가 되다!

논쟁이 좋아!
갈릴레오 갈릴레이

'싸움꾼'이라고 불릴 정도로 논쟁을 좋아했다!

만화가 좋아!
데즈카 오사무

괴롭힘을 당하던 소년이 만화로 인기 스타가 되다!

혹시 알아?
너도 위인이 될지!

'좋아하는 힘'이 미래를 만든다!

인공지능이 크게 주목받고 있는 거 알지?
앞으로는 인공지능이 인간 대신
아주 많은 일을 해 줄지도 몰라.
그런 시대에 활약하려면
어떻게 해야 할까?
답은 자기가 좋아하는 어느 한 가지에
전문가가 되는 것!
좋아하는 것에 푹 빠지면, 저도 모르게
기발한 아이디어가 쑥쑥 떠오르잖아?
로봇은 인간의 상상력과 창의력을
절대로 흉내 낼 수 없어.

세계적인 회사 애플을 만든
스티브 잡스도 어릴 때
전자 기기에 푹 빠져 있었어.

자신이 좋아하는 것에 대해 끊임없이 생각했기 때문에 세상을 바꾼 발명을 할 수 있었던 거야.

좋아하는 게 생기면 마음도 단단해져.
자신이 좋아하는 일이라면 몇 번을
실패해도 다시 도전할 수 있지.
"그런 거 해 봐야 아무 소용없어."
주위에서 아무리 잔소리해도 신경 쓰이지 않아.
에디슨은 어른이 된 후에 이렇게 말했어.
"나는 실패한 적이 없다. 다만 작동하지 않는
10,000가지 방법을 찾았을 뿐."
좋아했기 때문에 실패라고 생각하지 않았던 거지.
어때, 대단하지 않아?

자, 이제부터 조금은 엉뚱했던
위인들의 어린 시절로 안내할게.
이 책을 끝까지 다 읽고 나면
너희도 이렇게 생각하게 될 거야.

**좋아하는 것을 더
열심히 해야지!**

이 책에서 미래의 너를 찾아봐!

차례

들어가는 말 • 4

01 실험이 좋아!
하늘을 나는 실험을 위해
친구에게 위험한 약을 먹이다
에디슨 • 18

02 법칙이 좋아!
눈에 보이지 않는 법칙을 찾아 헤매던 소년,
우주의 비밀을 밝혀내다
아인슈타인 • 24

03 논쟁이 좋아!
논쟁을 너무 좋아해서
싸움꾼 취급을 받다
갈릴레오 갈릴레이 • 28

04 전자 기기가 좋아!
못 말리는 문제아지만
전자 기기만큼은 너무 좋아
스티브 잡스 • 34

05 코믹 연기가 좋아!
고작 다섯 살의 나이에 무대에 서서
객석을 웃음바다로 만들다
찰리 채플린 • 40

06 공부가 좋아!
공부를 너무 좋아해서
영양실조까지 걸렸다
마리 퀴리 • 44

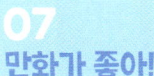 

만화로 괴롭힘을 극복하고
인기 스타가 되다
데즈카 오사무 • 48

무엇이든 분해하길 좋아하던 소년,
증기 기관으로 세상을 바꾸다
제임스 와트 • 54

【칼럼 1】 '좋아하는 것'을 찾는 방법 • 60

남다른 관찰력으로
다재다능한 천재가 되다
레오나르도 다 빈치 • 62

즉흥 연주 실력으로 천재 모차르트를
충격에 빠뜨리다
베토벤 • 66

엔진에 미친 소년,
세계적인 자동차 회사를 만들다
혼다 소이치로 • 72

12 비둘기와 투우가 좋아!
20세기 최고의 화가에게
비둘기와 투우는 어떤 의미였을까?
피카소 • 78

13 시와 편지가 좋아!
시와 편지를 사랑한 소년,
전설적인 작가가 되다
괴테 • 82

14 수학이 좋아!
최고의 상은 장난감도 과자도 아닌,
바로 수학
파스칼 • 86

15 곤충이 좋아!
못 말리는 곤충 애호가,
진화론의 아버지가 되다
찰스 다윈 • 90

16 사냥 놀이가 좋아!
사냥 놀이를 하며 기른 관찰력으로
페니실린을 만들다
알렉산더 플레밍 • 94

17 변신 놀이가 좋아!
무엇으로든 척척 변신하는 소녀,
전설적인 배우가 되다
잉그리드 버그만 • 98

【칼럼 2】 찾아봐! 우리 주변에 있는 미래의 위인 • 102

18 인형 놀이가 좋아!
인형 놀이를 너무 좋아해서
직접 이야기까지 만들어 내다
안데르센 • 104

19 도면이 좋아!
원하는 것은 뭐든
도면 먼저 그려 손수 만들었다
라이트 형제 • 108

20 공상이 좋아!
공상 속에 빠져 살던 소녀,
『빨간 머리 앤』을 쓰다
몽고메리 • 114

21 발명이 좋아!
'말하는 인형'을 만든 소년,
훗날 전화기를 발명하다
그레이엄 벨 • 118

22 장난이 좋아!
장난꾸러기 소년,
마을을 통째로 속이다
마크 트웨인 • 122

23 만들기가 좋아!
만들기에 푹 빠진 소년,
'만유인력의 법칙'을 발견하다
뉴턴 • 126

24 조개가 좋아!
조개를 줍다가 퇴학까지 당한 소년,
동물학자가 되다
에드워드 모스 • 132

25 전쟁놀이가 좋아!
전쟁놀이에 푹 빠진 소년,
영국의 영웅이 되다
처칠 • 136

【칼럼 3】 모두 함께 풀어 보는 위인 퀴즈 • 140

마치며 • 142

일러두기

- 위인들의 이야기는 오래전의 일이기 때문에 자료마다 전해지는 내용이 조금씩 달라요.
- 책 속의 대사들은 내용 이해를 위해 새롭게 각색했어요.
- 위인들에게는 책에서 소개한 내용 외에도 다른 면이 많아요. 관심이 생긴다면 직접 조사해 보세요.

위인들은 어릴 때 무엇에 몰입했을까?

지금부터 위인들의 어린 시절을 들여다볼래?
세계적인 위인들이 좋아하는 것에
어떤 모습을 보였는지 알게 되면 깜짝 놀랄걸?
그동안 알지 못했던 위인들의 새로운 모습을 알고 나면
하루하루가 즐거워지고 미래에 대한 용기도 생길 거야!

01 실험이 좋아!

하늘을 나는 실험을 위해 친구에게 위험한 약을 먹이다
에디슨
1847~1931, 미국

축음기, 전구 등 무려 1,300개가 넘는 물건을 만든 발명왕.
도가 지나친 실험 때문에 매번 혼나도 끄떡도 하지 않았던 소년 시절!

토머스 에디슨은 호기심이 왕성해 뭐든 직접 실험해 봐야 직성이 풀리는 어린이였어요. "왜?", "어째서?"라는 말을 입에 달고 살면서 매번 실험, 실험, 또 실험을 했답니다.

"엄마, 거위는 왜 알을 품고 있어요?"
"새끼를 부화시키려고 그러지."

대답을 듣자마자 에디슨은 옆집 가축우리에 들어가 몸을 둥글게 말고 거위 알을 품었어요. 마침 가축우리에 들어온 옆집 아저씨가 의아해서 물었어요.

"거기서 왜 그러고 있니?"
"알을 부화시키려고요."

무엇이든 실험, 또 실험!

거위 알을 품고 있어요.

에디슨의 대답에 아저씨는 폭소를 터트렸어요. 그 소리에 거위들은 화들짝 놀라 꽥꽥거리며 야단법석이었죠. 당연히 거위의 부화는 실패했지만, 어머니는 에디슨을 격려하며 이렇게 말해 주었어요.

"비록 부화는 못 시켰지만 실험해 보려는 그 태도는 참 훌륭하구나. 뭐든 해 보지 않으면 모르는 법이란다."

엄마는 늘 에디슨을 응원해 주었다!

일곱 살에 학교에 들어간 에디슨은 언제나처럼 호기심 때문에 사건, 사고가 많았고, 엉뚱한 말도 자주 했습니다. 예를 들면 선생님이 '1+1=2'라고 알려 주면 이렇게 대답하는 것이었지요.

"하지만 찰흙을 두 개 합하면 커다란 찰흙 하나가 되는걸요."

이런 에디슨을 참기 힘들었던 선생님은 입학 3개월 만에 에디슨을 학교에서 쫓아냈습니다. 하지만 어머니는 에디슨을 포기하지 않고 직접 가르쳤지요.

하지만 에디슨의 실험은 종종 도가 지나쳐서 호되게 야단맞은 적도 있답니다. 한번은 이런 일도 있었지요.

"이거 마셔 봐! 하늘을 나는 약이라고."

"정말? 진짜로 하늘을 날 수 있는 거야?"

에디슨이 하늘을 나는 약이라면서 친구에게 먹인 약의 정체는 무엇이었을까요? 그것은 '비등산'이라는 위험한 약물로 탄산수소나

트룸과 타르타르산을 물에 녹인 것이었어요. 이 두 가지를 섞으면 기포가 보글보글 올라오는데 그것을 보며 에디슨은 이렇게 생각한 것이지요.

'뱃속에 공기보다 가벼운 가스가 들어가면 하늘로 두둥실 날아오르지 않을까?'

하늘을 나는 약이라며 비등산을 받아 마신 친구는 날아오르기는커녕 몇 분 후 배를 잡고 나뒹굴기 시작했고 결국 병원 신세를 지게 되었습니다.

이때 에디슨은 어머니에게 눈물이 쏙 빠질 정도로 따끔하게 혼이 났지요.

때로는 너무 지나쳐서 호되게 혼나기도 했다!

"사람으로 실험을 하면 절대 안 돼!"

'에디슨의 실험'은 마을에서 모르는 사람이 없을 정도로 유명했고, 에디슨의 실험을 향한 열정은 계속되었어요. 새의 깃털이나 나무 열매 같은 잡동사니를 잔뜩 주워 오는가 하면, 용돈을 탈탈 털어서 계속 실험 재료들을 사들였기 때문에 에디슨의 방은 늘 쓰레기장처럼 어지럽혀져 있었죠. 그럼에도 어머니는 에디슨이 좋아하는 것을 인정해 주면서 지하실에 따로 실험실을 만들어 줬어요.

열두 살이 된 에디슨은 더 많은 실험 재료와 도구를 사기 위해 열차 안에서 신문팔이를 시작했어요. 심지어 열차 화물칸 한쪽을 실험실로 꾸며 놓았지요.

어느 날, 열차가 흔들리는 바람에 실험 약품들이 바닥에 쏟아지며 그만 불이 나고 말았어요. 타오르는 불꽃에 어른들이 황급히 뛰어와 간신히 불길을 잡긴 했지만, 당연히 '실험 금지' 처분을 받았지요.

소년 에디슨, 결국 실험 금지를 당하다!

흔들리는 열차 안에서도 실험을 하다니 에디슨은 정말 뼛속까지 실험에 빠져 있었던 거예요.

사고뭉치 에디슨은 어른이 되어서도 실험에 푹 빠져 지냈어요.

"어떻게 하면 빛이 오래가는 전구를 만들 수 있을까?"

에디슨의 머릿속은 뛰어난 전구를 만드는 일로 꽉 차 있었어요. 책상 위에는 무명실, 아마실, 나뭇조각, 종이 등 여러 가지 필라멘트* 재료들이 흩어져 있었지요.

무려 10,000번이 넘는 실험을 거듭한 끝에 빛이 오래가는 전구가 마침내 탄생했어요. 에디슨이 전구를 맨 처음 만든 사람은 아니었지만, 에디슨이 있었기에 상업성과 실용성을 두루 갖춘 전구가 세상에 나오게 된 것이죠.

자기가 원하는 답을 얻을 때까지, 끊임없이 실험에 실험을 거듭했던 토머스 에디슨. 학교에서 쫓겨날 정도로 엉뚱하고 악동 기질이 다분했지만, 실험에 대한 열정과 몰입은 그를 발명왕으로 만들어 주었지요. 축음기, 영사기, 선풍기, 다리미, 토스터 등 에디슨의 발명품은 무려 1,300개가 넘는답니다.

에디슨의 명언

천재는 1%의 영감과 99%의 노력으로 이루어진다.

✱ **필라멘트**: 전구 안에 있는 가느다란 선. 필라멘트가 오래 타야 전구의 빛이 오래간다.

02 법칙이 좋아!

눈에 보이지 않는 법칙을 찾아 헤매던 소년, 우주의 비밀을 밝혀내다
아인슈타인
1879~1955, 독일

그 유명한 '상대성 이론'으로 세상을 바꾼 천재 과학자.
자연의 법칙을 발견하는 데 푹 빠져 있었던 어린 시절 이야기!

알베르트 아인슈타인은 너무나 얌전해서 전혀 눈에 띄지 않는 아이였어요. 네 살이 되어서야 겨우 말이 트였고, 아홉 살이 되어서야 글을 깨우칠 정도로 성장이 느린 아이였습니다. 하지만 수학과 과학에 관심 많아 늘 숫자와 자연을 관찰하며 놀았답니다.

그런 아인슈타인의 마음을 사로잡았던 것은 별의 움직임이나 온도와 사물의 변화 같은 자연의 '법칙'이었어요.

물이 100℃에서 수증기로 변하고 0℃에서 어는 것처럼 자연에는 우리의 눈에는 보이지 않지만 정해진 법칙이 있답니다. 이 세상은 아름다운 약속으로 이루어져 있는 거예요!

아인슈타인은 다섯 살 때 처음 본 나침반에 마음을 빼앗겼어요. 어디에 둬도 반드시

물은 100℃에서 수증기가 되고…

남쪽과 북쪽을 가리키는 모습이 너무 신기했거든요. 상자 속에 넣어도, 나침반을 마구 흔들어도 바늘은 정확히 남과 북을 가리켰어요.

'자연에는 눈에는 보이지 않지만, 분명히 법칙들이 있어. 이런 것을 더 많이 찾고 싶어!'

어린 아인슈타인의 가슴은 마구 뛰었답니다.

"이 삼각형을 선으로 구분하여 두 개의 삼각형으로 만들고……."

아인슈타인은 '피타고라스의 정리'에도 푹 빠져 있었어요. 직각 삼각형의 세 변의 길이에 숨겨진 법칙을 알게 되자, 눈이 번쩍 뜨였지요. 학교를 싫어해서 수업도 제대로 듣지 않았지만, 도형 과목만은 무척 좋아했던 아인슈타인. 언뜻 제각기 달리 보이는 도형들 사이에서 하나의 법칙을 발견할 때의 기쁨은 이루 말할 수 없었어요. 열심히 그림을 그려 가며 신나게 변의 길이를 계산하다 보면 어느새 한밤중. 그러다 마침내 피타고라스의 정리에 대한 새로운 증명 방법까지 발견하게 됩니다. 정말 대단하지요!

피타고라스의 정리
빗변을 제외한 두 변의 길이를 각각 제곱하여 더하면 빗변 길이의 제곱과 같아요.

 아인슈타인은 자기가 알고 있는 지식을 바탕으로 머릿속으로 상상하거나 실험하는 걸 즐겼어요.
 '전기가 흐르는 속도는 빛의 속도와 비슷한 초속 30만 킬로미터. 전기 코드 속에 들어가서 전기와 함께 여행을 하면 어떻게 될까?'
 '빛은 1초에 지구를 일곱 바퀴 반을 돈다. 만약 빛과 같은 속도로 빛과 함께 움직인다면 빛은 어떻게 보일까? 파동? 입자?'
 아인슈타인의 머릿속은 이런 자연의 법칙에 대한 다양한 상상과 가설들로 꽉 차 있었어요. 그러다 보니 일상생활이 제대로 돌아가

지 않았고 학교에서도 놀림 받는 일이 많았지요.

"하아, 물건을 또 두고 와 버렸네."

"아이고, 이 답답아!"

아마 아인슈타인 주변에서는 이런 말들이 자주 들렸을 거예요. 하지만 아인슈타인은 그저 자기가 좋아하는 일에 늘 푹 빠져 지낼 뿐이었죠.

훗날 스물여섯 살이 된 청년 아인슈타인은 그 유명한 '상대성 이론'을 세상에 발표합니다. 시간이 늘 일정하게 흐르는 것이 아니라, 속도와 중력에 따라 달라진다는 내용이었지요. 그때까지의 상식을 뒤엎는 놀라운 이론으로, 이 덕에 우주에 대한 수많은 수수께끼가 풀렸답니다. 어린 시절부터 늘 자연의 법칙을 탐구하고, 다양한 궁금증을 가지며 머릿속으로 실험하기를 즐겼던 어린 아인슈타인이 있었기에 가능한 일이었죠.

좋아하는 것에 오래 매달려 있는 것은 대단한 재능입니다. 그것이 쌓이고 또 쌓여서 놀라운 일을 해낼 수 있는 거지요. 이 책을 읽는 여러분은 어떤 것을 좋아하나요?

초속 30만 킬로미터!

아인슈타인의 명언

나에게 특별한 재능은 없습니다.
다만, 한 가지 일을 남들보다
오래 붙들고 있었을 뿐입니다.

03 논쟁이 좋아!

논쟁을 너무 좋아해서 싸움꾼 취급을 받다
갈릴레오 갈릴레이
1564~1642, 이탈리아

"그래도 지구는 돈다."
종교 재판에서 유죄 판결을 받아도 끝끝내 진리를 추구한 과학자.
어릴 때부터 싸움꾼의 기질이 보였다는데…….

"대체 아리스토텔레스가 뭔데! 언제까지 그런 옛날 사람을 믿을 거냐고!

아리스토텔레스는 고대 그리스의 대철학자예요. 지금으로부터 약 500년 전에는 아리스토텔레스가 말한 것을 배우는 것이 학문 그 자체였어요. 하지만 갈릴레오는 분통을 터트렸답니다.

"왜 그의 말이 옳다고 다들 믿는 거지?"

갈릴레오는 아리스토텔레스의 이론은 머릿속으로 생각해서 세운 것일 뿐 증명되지 않았다고 여겼어요. 실제로 아리스토텔레스는 이 세상이 물, 불, 공기, 흙의 4원소로 이루어져 있다는 등 과학적인 사실과 동떨어진 말을 많이 하긴 했어요. 하지만 사람들은 그저 갈릴레오를 피곤해할 뿐이었죠.

"싸움꾼 갈릴레오, 또 시작이군! 이야기는 다음에 듣지."

"비겁하게 도망치지 마! 제대로 한번 붙어서 이야기해 보잔 말이야! 난 밤새워서라도 얘기할 수 있다고."

갈릴레오는 친구들이나 선생님들과도 툭하면 논쟁하려고 들었기 때문에 '싸움꾼'이라고 불렸어요. 사회성이 좋아서 사람들의 호감을 사기도 했지만, 논쟁을 너무 좋아해서 피하는 사람들도 많았지요.

논쟁을 좋아했던 갈릴레오의 기질은 아버지에게 물려받았답니다. 이름난 음악가였던 아버지는 늘 논쟁을 즐겼거든요. 예부터 내

려오는 이론에 반발하거나, 권력을 가진 사람이나 강한 의견에 맞서 불꽃 튀는 말싸움을 벌이곤 했지요. 그런 아버지의 기질을 그대로 물려받은 갈릴레오는 선생님에게 상당히 골치 아픈 존재였습니다.

"선생님은 정말 그렇게 생각하세요? 확인해 보셨어요?"

"확인해 보진 않았지만, 이미 2,000년 동안이나 아리스토텔레스의 말이 옳다고 믿어 왔단다."

이후 갈릴레오는 젊은 나이에 대학교수가 되었어요. 갈릴레오는 한 실험을 통해 아리스토텔레스의 이론 중 하나를 뒤집어 놓았어요. 그 이론은 이런 것이었죠.

'무거운 것은 가벼운 것보다 빨리 떨어진다.'

높은 곳에서 나무 공과 무쇠 공을 동시에 떨어뜨리면 어떻게 될까요?

아리스토텔레스의 이론에 의하면 무게가 두 배인 공이 두 배 더 빨리 떨어져야 해요. 갈릴레오는 이 이론이 틀렸다는 것을 증명하기 위해 학생들을 피사의 사탑에 모아 놓고 실험을 했어요.

55미터 높이에서 두 개의 공을 동시에 떨어뜨린 거죠. 결과는 어땠을까요?

무게가 다른 두 공은 동시에 떨어졌어요.

"우아! 아리스토텔레스가 틀렸어!"

학생들의 함성이 터져 나왔어요. 갈릴레오가 고작 스물다섯 살 때의 일이었지요.

아리스토텔레스는 또 이런 말도 했어요.

"지구를 중심으로 태양과 다른 행성들이 돌고 있다."

바로 아리스토텔레스의 '천동설'입니다.

슈웅

봤지? 쾅!

아리스토텔레스가 틀렸어!

하지만 갈릴레오보다 100여 년 앞서 살았던 코페르니쿠스라는 사람은 반대로 '지동설'을 주장했어요.

"지구가 태양을 중심으로 돈다."

하지만 당시만 해도 코페르니쿠스의 말을 믿는 사람은 거의 없었습니다. 게다가 지동설을 주장했다가는 죽임을 당할 수도 있었어요. 당시 권력이 막강했던 교황청이 지구가 우주의 중심이라고 믿는 천동설을 지지했거든요. 이후로도 지동설을 지지하는 것은 신의 가르침을 거스르는 행위나 다름없었어요.

하지만 과학적 증명과 논쟁을 즐기는 갈릴레오. 그냥 넘어갈 리가 없겠죠? 코페르니쿠스의 지동설을 지지하다가 무려 6년 동안이나 교황청의 취조를 받았어요. 교황청은 갈릴레오에게 자신의 생각이 잘못되었다고 인정하고 다시는 지동설을 주장하지 말라고 강요했어요. 죽기는 싫었던 갈릴레오는 교황청의 강요를 받아들일 수밖에 없었습니다. 그리고 마침내 자유로워졌을 때, 이렇게 중얼거렸다고 해요.

"그래도 지구는 돈다."

진짜로 갈릴레오가 이런 말을 했을지는 알 수 없지만, 뜻을 굽히지 않았다는 것은 확실하답니다. 나중에 책을 써서 자신의 의견을 세상에 다시 알렸으니까요. 책의 제목은 『두 가지 주요 우주 체계에 대한 대화』였죠. 천동설파와 지동설파, 그리고 어느 쪽도 아닌 파, 각기 다른 의견을 가진 세 명의 등장인물이 논쟁을 하며 서로의 의견이 맞다고 주장하는 내용이었어요. 책 내용이 얼마나 재밌었는지 나오자마자 불티나게 팔렸답니다. 하지만 결국 교황청의 분노를 사게 되어 갈릴레오는 유죄를 받았어요.

권위에 주눅 들지 않고 끊임없이 탐구하면서 논쟁을 즐겼던 갈릴레오 갈릴레이. 갈릴레오 덕분에 과학은 크게 진보했어요. 자신이 옳다고 여기는 바를 쉽게 포기하지 않고 전하는 것이 얼마나 대단한 일인지 알 수 있지요.

04 전자 기기가 좋아!

못 말리는 문제아지만 전자 기기만큼은 너무 좋아
스티브 잡스
1955~2011, 미국

매킨토시와 아이폰을 만들어 혁명을 일으킨 천재 기업가.
못 말리는 문제아였지만 전자 기기만큼은 무척 좋아했다!

어린 시절의 스티브 잡스는 매일 장난을 일삼는 아이였기 때문에 학교에서 '문제아' 취급을 당했어요. 학교에 강아지를 데려가거나 폭죽으로 선생님의 수업을 방해하고는 혼비백산한 선생님을 보며 재미있어하기도 했어요.

꾸지람은 기본이었고 학교에서 내쫓긴 적도 숱하게 많았어요.

"수업이 너무 쉬워서 시간이 남아도는걸요."

잡스는 장난을 멈추지 않았어요. 이런 잡스의 재능을 알아본 사람은 4학년 담임 선생님이었던 테디 힐 선생님이었어요.

테디 힐 선생님은 잡스의

명석한 두뇌와 남들과 똑같은 건 따분해하는 성격을 잘 이해했어요. 그리고 잡스가 전자 기기를 좋아한다는 사실도 알고 있었지요.

"이 숙제를 해 오면 좋은 걸 주마."

"흥, 어차피 시시한 거잖아요."

"라디오 조립 키트인데?"

"네? 그러면 할게요!"

선생님은 잡스가 몰입할 수 있는 것들을 마련하여 재능을 키워 줄 생각이었지요.

새로운 기술에 흥미가 많았던 잡스에게 직접 기계를 만들어 보는 것은 설렘 가득한 경험이었어요. 테디 선생님의 교육 방식은 잡스가 다양한 '조립 키트'에 빠지는 계기가 되었답니다. 인두로 땜질을

전자 기기 조립 키트에 푹- 빠진 잡스

하고 부품을 조립한 뒤 전류를 흘려보내면 직접 만든 기기들이 작동했어요.

"정말 이 순간이 최고야!"

잡스는 뭐든 다 만들 수 있을 것 같은 자신감으로 넘쳤어요. 그러다 이번에는 부모님을 상대로 장난을 쳤습니다. 바로 스피커를 도청기로 개조해서 안방에 몰래 가져다 놓은 것이었어요! 물론 바로 부모님께 들켜서 눈물이 쏙 빠지게 혼이 났답니다.

"아이디어가 제일 중요해. 뭘 만들면 세상을 깜짝 놀라게 할까?"

전자 기기에 완전히 마음을 뺏긴 잡스는 열여섯 살 무렵, 자신과 비슷한 전자 기기 마니아인 스티브 워즈니악을 만나게 됩니다. 만나자마자 마음이 맞은 둘은 이제까지 어떤 장난을 쳐 왔는지 서로의 무용담을 늘어놓았어요.

"전자 메트로놈(박자를 알려주는 기계)을 만들었는데 똑딱똑딱 소리가 마치 폭탄 소리 같아서 학교 사물함에 설치해 뒀지!"

"역시 워즈! 선생님들이 깜짝 놀랐겠는걸?"

"놀란 정도가 아니었어! 경찰까지 출동했다니까?"

둘은 곧바로 어떤 장난을 칠지 고민에 빠졌어요. 며칠 뒤 친구들이 모여 텔레비전을 보고 있는 방에 태연히 들어간 잡스와 워즈. 워즈의 주머니 속에는 텔레비전 전파를 방해하는 기계가 들어 있었어요. 그 스위치를 켜면 텔레비전을 볼 수 없었죠.

"야, 네가 안테나를 만지니까 텔레비전이 나오는데?"

전자 기기를 만들어 친구를 감쪽같이 속이다!

친구가 텔레비전에 다가가 안테나에 손을 대면 스위치를 꺼서 텔레비전이 나오게 하고, 자리에 돌아와 앉으면 다시 스위치를 켜서 텔레비전이 나오지 않게 하기를 반복했어요. 결국 그 친구는 프로그램이 끝날 때까지 안테나를 잡고 있어야 했답니다.

그러던 어느 날, 잡스와 워즈니악은 또 다른 엄청난 장난을 칩니다. 장난에 불씨를 지핀 것은 잡지에 실린 어떤 기사였어요. '어디서나 무료로 전화를 걸 수 있는 기계'라는 제목으로 전화를 해킹하는 기계에 대한 설명이 자세히 실려 있었지요.

"흥미진진한데! 우리도 이거 한번 만들어 볼까?"

✪ **블루박스**: 공짜로 장거리 전화를 걸기 위한 소형 전화 장치

이제 나쁜 짓은 안 해야지….

그동안 만들었던 그 어떤 것보다 만들기 어려웠지만, 잡스와 워즈니악은 힘을 합쳐서 정말로 기계를 만들어 냈어요.

"저 지금 공짜로 전화하고 있어요!"

먼 외국에 전화를 걸어서, 자랑스레 떠드는 못 말리는 두 사람이었죠. 엄연히 불법적인 일이었는데 말이에요. 다행히 경찰에 붙잡히기 전에 그만뒀지만, 잡스에게는 이 경험이 매우 소중했어요. 아이디어와 기술만 있다면 전 세계를 바꿀 수 있을 것 같았죠. 그리고 다시는 자신의 재능을 나쁜 짓을 하는 데 사용하지 않았어요.

1976년, 잡스는 애플 컴퓨터(현재는 애플)를 설립하며 세계의 컴퓨터 시장을 바꾸었고, 이후 스마트폰까지 사업 영역을 넓히며 '혁신의 아이콘'이 되었답니다.

잡스가 혁신의 아이콘이 된 데에는 그에게 전자 조립 키트를 선물해 준 테디 힐 선생님의 역할이 컸는지도 몰라요. 잡스가 좋아하고 잘하는 것을 발견하게 해 주었으니까요. 어릴 때 문제아 취급을 받았던 잡스지만 좋아하는 일에 집중하는 열정만은 최고였답니다.

스티브 잡스의 명언

오늘이 인생의 마지막 날이라면, 지금 하려는 일을 정말 할 것인가?

05 코믹 연기가 좋아!

고작 다섯 살의 나이에 무대에 서서 객석을 웃음바다로 만들다
찰리 채플린
1889~1977, 영국

뛰어난 코믹 연기로 전 세계 사람들에게 웃음과 감동을 준 희극의 왕. 이 천재적인 코미디언은 겨우 다섯 살에 무대에 올랐다!

찰리 채플린은 아주 어릴 때부터 사람들을 웃기는 재능이 있었어요. 그 계기는 어릴 때 올랐던 첫 무대예요. 배우였던 어머니가 건강이 좋지 않아 목소리를 제대로 내지 못하자 객석에서 야유가 쏟아졌지요. 관객들의 반응에 쩔쩔매던 감독의 눈에 들어온 게 바로 다섯 살짜리 채플린이었어요. 감독은 채플린에게 무리한 요구를 했지요.

"채플린, 네가 대신 무대로 나가 주겠니?"

어떻게든 어머니를 돕고

싶었던 채플린은 무작정 무대로 나가 유행하는 노래를 부르기 시작했어요. 오케스트라가 노래에 맞춰 연주해 주었죠. 신이 난 채플린은 점프도 하고, 휙휙 돌기도 하고, 마치 행진하는 듯한 걸음걸이로 무대로 휘젓고 다니기도 했어요. 거기에 춤까지 곁들여 관객을 즐겁게 해 주려 애를 썼지요. 도무지 어린아이라고 믿기지 않는 대담한 무대를 지켜보던 관객들은 종이에 돈을 싸서 휙휙 던져 주었어요.

"돈을 다 줍고 나서 다시 노래할게요!"

부르던 노래를 멈추고 천연덕스럽게 돈을 줍는 찰리 채플린의 깜찍한 모습에 객석은 웃음바다가 되었답니다. 이에 당황한 감독이 무대로 나와 같이 돈을 줍기 시작하자, 혹시나 돈을 뺏길까 걱정된 채플린이 걱정스러운 얼굴로 감독의 꽁무니를 졸졸 따라다녔어요. 이 모습을 본 객석에서는 다시 한번 웃음이 터져 나왔죠.

채플린은 이렇게 첫 무대에 오르자마자 '웃음의 신'이 되었어요!

'사람들을 웃기는 게 이렇게 행복한 일이라니!'

채플린은 이때 일을 잊을 수가 없었어요. 당시 부모님의 이혼과 가난으로 집안 분위기가 늘 우울했거든요.

여덟 살이라는 어린 나이에 유랑 극단에 들어간 채플린은 늘 어떻게 하면 사람들을 웃길 수 있을지 고민했어요. 그러다 무대 위에서 감독의 의도와 달리 코믹 연기를 하다가 크게 혼난 적도 있지요.

채플린은 열두 살에 본격적으로 배우 활동을 시작하면서 「짐」이라는 연극에 출연하게 돼요. 이때 채플린이 연기한 신문팔이 소년 새미가 한 마디 한 마디 할 때마다 관객석에서는 폭소가 터져 나왔답니다.

사람들이 웃는 포인트를 정확히 알고 있었다!

세미는 용의자의 집을 수색하는 남자에게 거만한 표정으로 말을 건넵니다.

"이봐, 거기서 뭐하나? 수상한 놈일세!"

그러다 그 남자가 형사라는 것을 알고는 부리나케 돌아서죠.

"그럼, 안녕히!"

순식간에 돌변하는 모습에 관객들은 배를 잡고 웃었습니다. 우스꽝스러운 동작과 표정, 말투가 일품이었지요. 채플린의 연기에 비평가들은 찬사를 보냈어요.

"이 연극이 재미있었던 건 순전히 채플린 덕분입니다!"

그 후 찰리 채플린은 수많은 연극에 출연하며 뛰어난 코믹 연기를 선보입니다. 고향 영국을 넘어 미국으로 활동 무대를 넓힌 채플린은 영화배우로 영역을 넓히며 큰 인기를 끌지요. 나중엔 영화감독으로까지 데뷔하면서 「황금광 시대」, 「모던 타임즈」, 「위대한 독재자」 등 수많은 걸작 영화를 남겼습니다.

'희극의 왕'이자 영화 역사상 가장 중요한 인물 가운데 한 명으로 손꼽히는 찰리 채플린. 불우한 어린 시절을 보냈지만, 자신이 좋아하고 잘하는 코믹 연기에 대한 열정이 그를 성공으로 이끌었습니다.

찰리 채플린의 명언

우리 삶에서 가장 의미 없는 날들은 웃지 않은 날들이다.

06 공부가 좋아!

공부를 너무 좋아해서 영양실조까지 걸렸다
마리 퀴리
1867~1934, 폴란드

**세계 최초로 노벨상을 두 번이나 받은 위대한 과학자.
밥 먹는 것조차 잊을 정도로 공부에 대한 열정이 대단했다!**

가난하지만 행복했던 폴란드의 한 가정에서 태어난 마리 퀴리는 다섯 남매 가운데 막내로 태어나 많은 사랑을 받으며 자랐어요. 특히 중학교에서 수학과 물리를 가르쳤던 아버지는 자녀 교육에 남다른 열정을 쏟았지요. 이를테면 남매들은 색색깔의 나무 블록을 쌓아 놓고 이런 놀이를 했어요.

"여기가 우리가 사는 폴란드야!"

"그럼 여기에 알프스산맥을 만들자!"

"꺄악~ 무너져 버렸어!"

이런 틈에서 아버지는 어린 마리를 안고 나무 블록으로 만

든 지도를 통해 유럽 나라들의 이름과 위치를 알려 줬어요. 놀이가 곧 공부였고, 공부가 곧 놀이였어요. 웃고 떠드는 사이 자연스레 공부가 되도록 아버지가 좋은 환경을 만들어 준 거예요. 마리가 공부를 좋아하게 된 건 어쩌면 당연한 일이었죠.

마리에게 공부란 재미있는 수수께끼 같았어요. 새로운 것을 알게 되면 그 지식을 기초로 다음 수수께끼에 도전할 수 있었죠. 수수께끼를 풀 때의 성취감은 이루 말할 수 없이 컸어요.

마리는 계속해서 새로운 도전을 즐기게 되었습니다. 학교 성적이 우수했던 건 당연한 일이었고, 반 친구들은 모르는 것이 있으면 마리에게 물어봤지요. 당시 폴란드는 러시아가 점령하고 있었기 때문에 러시아어로 수업을 들어야 했지만, 그래도 마리는 학교생활을 사랑했어요. 공부가 너무 좋았거든요.

우수한 성적으로 고등학교를 졸업한 마리는 대학에 가고 싶었지

공부는 재미있는 수수께끼 같아!

만 갈 수 없었어요. 당시 폴란드 대학은 여성을 받아 주지 않았거든요. 대학을 가려면 프랑스로 가야 했는데 돈이 많이 필요했지요. 공부를 포기할 수 없었던 마리는 부유한 집의 가정교사로 들어가게 됩니다.

"돈을 모아서 반드시 대학에 가겠어!"

낮에는 가정교사 일을 하면서 돈을 벌고, 밤에는 마리가 좋아하는 공부를 했어요. 남의 집에 들어가서 아이들을 가르치는 일이 쉽지는 않았지만, 생활비가 거의 들지 않아서 돈을 절약할 수 있었죠.

스물세 살이 되자 마리의 간절한 소원은 마침내 이루어졌어요. 프랑스 소르본 대학교에 들어간 것이었지요.

하지만 낡고 허름한 아파트에서 빵과 물만으로 버티는 고단한 유학 생활을 해야 했어요. 난방이 되지 않아 세면대의 물이 얼 정도로 추웠지만, 옷을 잔뜩 껴입고 책상에 앉아서 그토록 원하던 공부에 몰입했지요. 얼마나 공부에 열심이었는지, 어떨 때는 먹는 것조차 까먹었다고 해요.

"마리, 이러다 너를 잃어버릴까 봐 두려워……."

제대로 먹지 못해 영양실조까지 걸려 쓰러지자, 마리의 언니는 눈물을 터뜨렸어요. 그 후 마리는 어느 정도 건강은 챙겨 가면서 공부에 몰입했다고 합니다.

마리는 우수한 성적으로 대학을 졸업한 후, 피에르 퀴리라는 과학자와 결혼해요. 두 사람은 함께 연구에 매달렸고, 훗날 '라듐'이라는 원소를 발견하면서 세상을 놀라게 하지요. 아주 센 방사능을 뿜어내는 라듐의 발견 덕에 여러 병을 치료할 수 있는 '방사선 치료'의 문이 활짝 열렸답니다.

라듐 발견!

어려운 가정 형편과 여성 차별 속에서도 포기하지 않고 연구에 대한 열정을 불태운 마리 퀴리. 세계 최초로 노벨상을 두 번이나 받은, 온 시대를 통틀어 가장 위대한 과학자 가운데 한 사람이랍니다.

마리 퀴리의 명언

일단 일을 시작하면 목표로 한 모든 것을 이룰 때까지 손 떼지 마라.

07 만화가 좋아!

만화로 괴롭힘을 극복하고 인기 스타가 되다
데즈카 오사무
1928~1989, 일본

작고 둔하다는 이유로 어릴 때 따돌림을 당한 소년.
훗날 전설적인 만화를 그려 '만화의 신'이 되다!

"더벅머리가 왔다! 안경잡이 더벅머리가 왔어!"

교실 문 앞에서 아이들이 오사무를 놀려댔어요. 오사무는 몸집이 작고, 운동 신경도 둔한 데다 덥수룩한 머리와 안경을 쓰고 다닌다는 이유로 '안경잡이 더벅머리'라고 놀림을 당했습니다.

'어떻게 하면 괴롭힘을 당하지 않을 수 있을까?'

고민하던 오사무에게 번쩍 좋은 생각이 떠올랐어요.

'맞아! 나한테는 만화책이 잔뜩 있지!'

당시 일본에서 만화책은 푸대접을 받았어요. 읽으면 바보가 된다는 인식이 강해서 아이들에게 만화책을 사 주는 어른은 거의 없었지요. 하지만 오사무의 아버지는 아들이 '좋아하는 것'을 인정해 주며 만화책을 잔뜩 사 줬어요. 더 나아가 어머니는 만화책을 재미나고 맛깔나게 읽어 주었어요. 악역이 등장하면 가슴이 콩알만 해지고, 재미있는 대사에 쿡쿡 웃었지요. 그렇게 만화에 푹 빠져 지내다 보니 어느새 대사와 그림마저 모조리 외워 버릴 정도였어요.

오사무는 그림 그리기도 워낙 좋아했어요. 아침에 일어나면 맨 먼저 머리맡에 있는 종이에 만화를 그리는 것으로 하루를 시작할 정도였답니다.

"우리 집에 놀러 와! 우리 집에 있는 만화책 보여 줄게."
"진짜? 그래도 돼?"
"대박! 나도 가고 싶어."

오사무는 자기를 괴롭히는 아이들까지도 집에 초대했어요. 당시 인기 있는 만화 캐릭터 그림을 그려서 선물하기도 했고요.

"이거 정말 네가 그린 거야? 진짜 잘 그렸다!"

친구가 생기고 만화 실력이 드러나자, 더 이상 괴롭히는 아이들이 없어졌어요. 오사무의 생각이 딱 들어맞았지요!

만화로 학급의 인기쟁이가 되다!

　『팔팔한 세이짱』은 오사무가 4학년 때 그린 공책 한 권 분량의 장편 만화예요. 아이들의 따뜻한 일상을 코믹하게 풀어낸 작품으로, 반 아이들이 열광하며 보았지요. 주인공 세이짱의 친구 후쿠짱이 당시 인기 만화 속 캐릭터를 그대로 가져온 것이었어요. 자기가 좋아하는 캐릭터와 자기가 만든 캐릭터가 한 이야기 속에서 움직이니, 얼마나 재미있었을까요!

　오사무는 시간 가는 줄 모르고 만화를 그리고 또 그렸어요. 반 친구들은 오사무의 만화를 서로 읽겠다고 난리였죠.

　어느 날, 한 아이가 수업 시간에 『팔팔한 세이짱』을 읽다가 선생님에게 들켜 버렸어요.

"이거 누가 그린 거니?"

교실 안은 물을 끼얹은 듯 조용했어요. 오사무는 불호령이 떨어질 걸 각오하고 솔직하게 손을 들었답니다. 그걸 본 선생님은 혼내지는 않았지만 오사무가 그린 만화는 가져가 버렸어요.

선생님은 교무실에서 그 만화를 다른 선생님들과 돌려 가며 읽었지요. 그리고 오사무를 격려해 주었답니다.

"참 재밌더구나. 앞으로도 만화를 많이 그리렴."

선생님의 칭찬에 오사무는 가슴이 벅차올랐어요.

오사무는 자신이 좋아하는 만화를 열심히 그리며 훗날 만화가가 되었습니다. 열아홉 살 때는 최초의 스토리 만화인 『신보물섬』을 발표하며 단숨에 인기 만화

가가 되었어요. 기존의 만화가 네 칸 만화거나 한 장면만을 담은 단순한 형식인데 비해, 오사무의 만화는 스토리가 있었고, 다양한 각도에서 본 장면을 여러 컷에 나눠 표현해서 캐릭터의 심리 변화가 고스란히 전해졌어요.

데즈카 오사무는 『우주 소년 아톰』, 『밀림의 왕자 레오』 등 전설적인 히트작을 비롯해 무려 700편이 넘는 만화를 남겼어요. '만화의 신'이라고 불리며 일본을 넘어 세계적인 만화가가 되었답니다. 오사무의 인생을 통해 '좋아하는 힘'이 얼마나 대단한 것인지 알 수 있어요.

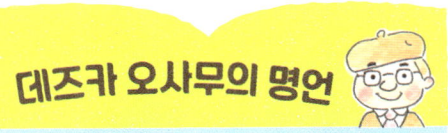

데즈카 오사무의 명언

자랑할 게 단 하나라도 있다면 정말로 행복한 것입니다.

08 분해가 좋아!

무엇이든 분해하길 좋아하던 소년,
증기 기관으로 세상을 바꾸다
제임스 와트
1736~1819, 영국

성능이 뛰어난 증기 기관을 만들어 산업 혁명을 일으킨 주역.
궁금한 것은 모조리 분해해서 호기심을 채우는 소년이었다!

제임스 와트는 조용하고 평범한 아이였어요. 교실에서 떠들거나 장난치는 일 없이 얌전히 책상에 앉아 턱을 괸 채 생각에 잠겨 있곤 했지요. 하지만 머릿속에서는 장난감을 가지고 신나게 놀고 있었답니다.

어린 와트의 장난감은 아버지의 도구였어요. 배 만드는 목수였던 아버지는 항해용 나침반이나 육분의*같은 신기한 도구를 여럿 가지고 있었거든요.

구, 구조가 궁금해…!
두근두근
두근두근

✪ **육분의**: 항해 중 각도를 측정해서 위치를 알아내는 데 쓰는 도구.

와트는 아빠의 도구를 분해해서 그 구조를 알아내는 일이 무척이나 재밌었어요. 그래서 아빠 몰래 도구를 분해하곤 했죠.

먼저 공구를 이용해서 조심스럽게 분해하고, 그 부품을 나란히 늘어놓았어요. 부품 하나하나가 얼마나 멋진지 저도 모르게 감탄사가 흘러나왔지요. 그러고는 다시 원래대로 조립했어요.

"이런 원리구나! 신기해……."

무사히 조립이 끝나면 도구가 다시 움직이는 모습을 관찰하면서 머릿속으로 다양한 실험을 했어요. '각도를 다르게 해서 만들면 어떨까?', '부품을 바꿔 보면 어떨까?', '부품을 더 많이 써 보면?'…….

이미 구조를 알았기 때문에 상상 속 실험만으로도 어느 정도 예측이 가능했지요. 와트의 가슴은 마구 뛰었답니다.

열일곱 살이 된 와트는 자기가 좋아하는 기구 제작이나 수리 관련 일을 하고 싶었어요. 그런데 '길드'에는 절대로 들어가기 싫었어요.

당시 유럽에는 길드라는 까다로운 직업 조합이 있었어요. 예컨대 대장장이라면 대장장이 길드, 정육업자라면 정육업자 길드에 들어가야 했어요.

길드에서는 장인이 절대 권력자라서 제자는 몇 년이고 돈을 받지 않고 일을 하는 것이 당연시되었지요.

기술공으로 일하며 돈을 벌고 싶었던 와트는 '최소 7년 동안 견습 생활을 해야 한다'는 길드의 규칙을 듣고 낙담했어요.

그때 와트의 소문을 듣고 나타난 사람들이 있었어요. 바로 영국의 명문 글래스고 대학의 교수들이었죠. 그중에는 괴짜 경제학자 애덤 스미스도 있었어요.

"우리 대학 안에 가게를 내 보지 않겠나? 대학 안은 마을이 아니니 길드와는 관계없네."

덕분에 와트는 글래스고 대학 안에서 수리점을 열 수 있었답니다. 주로 교수들의 실험 기계를 고치는 일을 했고, 손님이 늘 끊이지 않았어요.

"자네 정말 대단하군. 그 기계는 전보다 더 좋아졌어."

애덤 스미스
영국의 경제학자. 『국부론』이라는 경제학 서적이 높은 평가를 받아 글래스고 대학 명예 총장을 지내기도 했어요.

와트는 정말로 행복했어요. 대학교수들이 사용하는 기계나 도구는 신기한 것들이 많았고, 그것들을 분해하면서 구조와 원리를 배울 수 있었지요.

어느 날, 와트에게 앤더슨이라는 물리학 교수가 찾아왔어요. 그는 당시 광산 등에서 쓰였던 실제 증기 기관*을 작게 만든 모형을 가져와서 말했어요.

"뉴커먼 증기 기관을 20분의 1 크기로 축소해 만든 모형이네. 수업에서 사용하려고 특별히 제작했지. 그런데 잘 작동하지 않는군. 뭐가 문제일까?"

"제가 한번 살펴보겠습니다."

와트는 조심조심 증기 기관을 분해해서 살펴보기 시작했어요. 시간이 얼마나 흘렀을까요? 와트의 눈이 번쩍 뜨였어요.

✪ **증기 기관**: 물을 끓여 만든 증기의 팽창과 응축을 이용하여 피스톤을 왕복 운동시켜 동력을 얻는 기관.

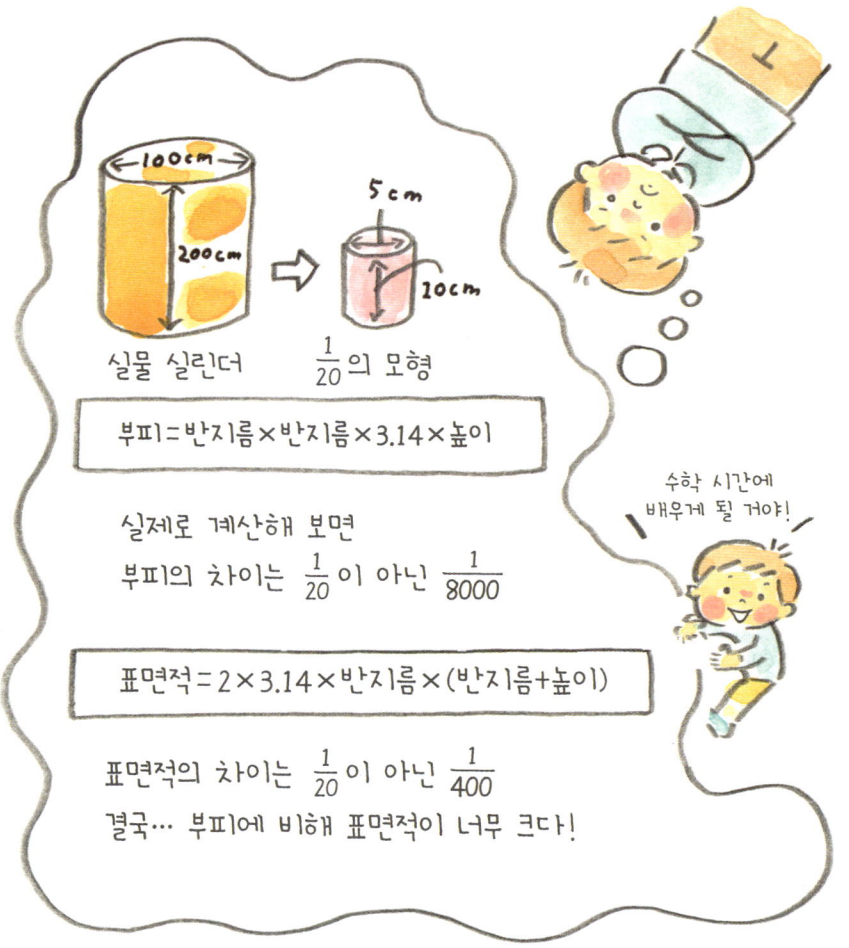

실제 증기 기관을 단순 축소하니 오차 발생!

'아하, 열이 부족한 거였어!'

위 그림에서 알 수 있듯이 증기 기관 전체를 20분의 1크기로 축소하면 실린더의 부피는 8000분의 1이 되는데 표면적은 400분의 1이 돼요. 부피에 비해 표면적이 훨씬 커진 건데, 그러면 열이 계속 날아가 버려요. 이런 까닭에 모형이 제대로 작동하려면 더 많은 열이

필요한데, 그만큼 더 가열하면 실린더가 열을 견디지 못하고 깨져 버렸어요. 애초에 작은 모형으로는 실패할 수밖에 없었던 거죠.

와트는 이론조차 제대로 배운 적이 없었지만, 물리학 교수도 못 푼 문제를 해결한 것이었습니다. 그리고 이 일이 계기가 되어 와트는 훗날 세상을 바꾼 위대한 발명을 해냅니다.

1769년, 와트는 뉴커먼 증기 기관보다 훨씬 뛰어난 증기 기관을 세상에 내놓았어요. 와트의 증기 기관은 열효율이 훨씬 높아서 산업 현장에서 널리 쓰였고, 이것은 산업 혁명으로 이어져 사람들의 삶의 모습을 크게 바꾸어 놓았지요.

무엇이든 분해해서 원리를 깨우치는 걸 좋아했던 소년 제임스 와트. 이 소년의 '좋아하는 것에 몰입하는 힘'이 세상을 바꾸어 놓은 것일지도 모르겠습니다.

제임스 와트의 명언

문제는 결코 문제가 아니다.
진정한 문제는 문제를 대하는
태도에 있다.

칼럼 ①

'좋아하는 것'을 찾는 방법

위인들이 좋아하는 것에 보인 열정은 대단해 보이지요! 가끔 보이는 특이한 모습까지도요. 하지만 '나는 아직 그렇게까지 좋아하는 것을 찾지 못했어.', '나에게는 그렇게 특별한 부분이 없는걸?' 이렇게 생각하는 친구들도 많겠죠.

하지만 여러분은 분명 좋아하는 것이 있을 거예요! 아직 깨닫지 못했거나 자기와 딱 맞는 것을 찾지 못했을 뿐이죠. 찾는 게 쉽지 않다고요? 그럼 힌트를 살짝 줄게요. 생각과 관점을 바꿔 보면 좋아하는 것을 쉽게 찾을 수 있어요.

알면 알수록 좋아진다

궁금한 것이 있을 땐 그것의 역사나 정보, 의미에 대해서 찾아봐. 깊이 알수록 재미를 느낄 수 있어.

재미있어 보이는 책에서 '좋아하는 것'을 찾아보자

재미있어 보이는 책을 닥치는 대로 읽어 봐. '좋아하는 것'을 찾을 수도 있어.

위인이나 친구를 흉내 내자

위인이나 친구들이 푹 빠져 있는 것에 관심을 가져 봐. 어떤 점이 재밌는지 찾아보는 거야.

좋은 점을 찾아봐

싫어했던 일에서 '좋은 점'을 찾아봐! 생각보다 나쁘지 않을 수도 있어!

주위 사람의 말에 지나치게 휘둘리지 않는다

자신의 '좋아하는 마음'이 가장 중요해. 무조건 남의 말을 들을 필요는 없어.

'나는 못해'라고 생각하지 않는다

'서툴러서, 재능이 없어서…….'라고 생각하면 안 돼!

재미있게 했던 것을 생각해 봐

지금까지 시간 가는 줄 모르고 계속한 것이 있는지 생각해 봐.

조금이라도 관심이 있으면 일단 해 봐

뭐든지 도전해 봐. 일단 해 보고 자신과 맞지 않으면 그만둬도 돼.

09 자연 관찰이 좋아!

남다른 관찰력으로 다재다능한 천재가 되다
레오나르도 다 빈치

1452~1519, 이탈리아

건축과 미술, 과학 등 다양한 분야에서 뛰어난 업적을 남긴 천재. 그의 천재성은 자연 속에서 키운 남다른 관찰력에서 비롯되었다!

이탈리아의 빈치 마을에서 태어난 레오나르도 다 빈치는 어머니의 낮은 신분 때문에 처음에는 아들로 인정받지 못했어요. 주위의 무관심 속에서 제대로 된 교육도 받지 못하고 자연에 방치된 채 자랄 수밖에 없었지요.

하지만 오히려 이런 환경이 레오나르도를 위대한 인물로 키운 밑거름이 됐답니다. 마음껏 자연을 관찰하며 자유롭게 상상의 나래를 펼칠 수 있었으니까요.

소년 레오나르도는 스케치북을 들고 산과 들을 돌아

다니며 시간을 보냈어요. 그러던 어느 날, 숲에서 동굴을 발견했어요. 한번 들어가 보고 싶었지만 안이 무척이나 어두컴컴했지요.

"어쩐담……."

레오나르도는 스케치북을 꽉 쥔 채 잠시 망설이다, 동굴 안을 관찰해 보기로 단단히 마음먹었어요. 흙벽을 따라 조심조심 걸어가자 벽에 하얗게 빛나는 것이 보였지요. 호기심에 그것을 자세히 보다가, 확신에 찬 목소리로 외쳤어요.

"고래다! 이건 고래 화석이 틀림없어!"

눈앞에 대홍수의 광경이 펼쳐지는 듯했어요. 아주 오래전, 거센 파도에 떠밀려 온 고래가 흙 속에 묻혀 화석이 된 게 분명했죠.

"거대한 고래도 대자연 앞에서는 꼼짝 못 하는구나!"

동굴을 나온 레오나르도는 스케치북에 자기가 본 것들을 바탕으로 상상의 세계를 그리기 시작했어요. 거대한 고래 뼈와 무수한 조가비들이 마치 새로운 생명력을 얻는 것 같았죠.

'자연이 나의 선생님'이라고 믿었던 레오나르도는 학교가 아닌 자연에서 모든 것을 배우려 했습니다. 그래서 매일같이 자연을 관찰하며 그림을 그렸지요.

어느 날, 그 모습을 유심히 지켜보던 아버지가 말했어요.

"이 방패를 네가 한 번 꾸며 보렴."

"제가요? 좋아요!"

아빠의 말에 레오나르도의 가슴은 빠르게 뛰었어요. 어떤 방패를 완성할지 여러 가지 이미지를 떠올렸지요.

'역시 방패니까 강해 보여야 해.'

레오나르도는 도마뱀, 뱀, 박쥐 등을 직접 잡아서 유심히 관찰했어요. 그리고 '강한 용'을 상상하면서 방패에 그림을 그리기 시작했죠.

부릅뜬 두 눈에, 번쩍 빛나는 날카로운 이빨과 발톱, 불을 뿜으며 사납게 꿈틀대는 모습은 마치 살아 있는 용처럼 보였습니다. 아버지는 완성된 방패를 보고 깜짝 놀랐고, 아들의 재능을 인정할 수밖에 없었어요. 그리고 당시 유명한 예술가 베로키오에게 제자로 보내 본격적으로 예술 교육을 시켰지요.

레오나르도의 관찰력은 무척 예리해서 아름다움뿐만 아니라 추함, 두려움, 몸의 구조까지도 샅샅이 파헤쳤고, 그것을 예술로 표현하는 재능 또한 뛰어났어요. 작은 부분 하나하나까지 꼼꼼하게 기록하는 습관 또한 큰 장점이었답니다.

훗날 레오나르도 다 빈치는 예술가이자 기술자로, 건축가이자 과학자로, 조각가이자 발명가로 뛰어난 업적을 남깁니다. 워낙 업적과 재능이 남달라서 사람들은 그를 '다재다능한 천재'로 부르지요. 여기에는 그가 어린 시절 자연 속에서 키웠던 남다른 '관찰력'이 한몫했을지도 모릅니다.

레오나르도 다 빈치의 명언

보는 것만으로는 충분하지 않다.
보는 것을 이해해야 한다.

10 즉흥 연주가 좋아!

즉흥 연주 실력으로 천재 모차르트를 충격에 빠뜨리다
베토벤
1770 ~ 1827, 독일

청각 장애를 극복하고 「운명」, 「합창」, 「엘리제를 위하여」 등
수많은 명곡을 남긴 불굴의 음악가.
그의 음악 인생의 시작은 즉흥 연주였다!

루트비히 판 베토벤은 어릴 때부터 늘 음악이 흐르는 환경에서 자랐어요. 할아버지는 궁정의 음악대 악장이었고 아버지도 음악대원이었죠.

말보다 먼저 멜로디를 흥얼거리는 베토벤을 보고 아버지는 흥분을 감추지 못했어요.

"이 아이를 제2의 모차르트로 만들겠어!"

그 무렵, 베토벤보다 열네 살 많은 모차르트가 천재 피아니스트로 이름을 날렸거든요.

왜 모차르트처럼 못 치는 거야!

고작 네 살이에요….

"틀렸어! 다시 쳐 봐!"

베토벤은 네 살 때부터 혹독한 피아노 레슨을 받아야 했어요. 피아노 치는 건 좋았지만 레슨은 괴로웠어요. 아버지는 입버릇처럼 말했지요.

"모차르트처럼 치란 말이야!"

베토벤은 사사건건 모차르트와 비교하는 아버지에게 반항하듯 즉흥 연주에만 몰두했어요. 즉흥 연주란 악보대로 치지 않고 즉석에서 곡을 만들어 자유롭게 하는 연주를 뜻해요.

머릿속에 떠오르는 이미지가 곧바로 음악이 되었어요. 얼마나 신나는지 시간 가는 줄 모르고 피아노를 치다 보면 어느덧 한밤중이었죠. 베토벤은 이렇게 연주의 세계로 빠지게 됩니다.

즉석에서 곡을 만들어 연주하다!

열한 살, 베토벤은 궁정 음악가 네페의 제자가 되어 본격적으로 음악의 기초를 배우게 되었어요. 이 일로 베토벤의 실력은 한층 더 향상되지요. 베토벤의 머릿속에는 아름다운 곡이 쑥쑥 떠오르고 눈앞에는 눈부신 음표의 세계가 펼쳐졌어요.

열여섯 살, 음악의 도시 빈으로 간 베토벤은 꿈에 그리던 모차르트 앞에서 피아노 연주를 할 기회를 얻게 돼요. 하지만 대스타 모차르트는 귀찮아했지요. 그저 또 다른 '자칭' 천재 소년이 찾아왔다고 생각했을 뿐이었어요.

베토벤의 연주는 흠잡을 데 없이 훌륭했어요. 하지만 모차르트는 아무런 감동도 받지 못했어요.

"뭐, 열심히 연습하면 그 정도는 누구나 칠 수 있지."

"그럼 아무 주제만 내주시면 즉흥 연주를 해 볼게요."

베토벤이 끈질기게 매달리자 모차르트는 어쩔 수 없다는 듯 대충 한 소절을 치고는 그걸로 연주해 보라고 했어요. 베토벤은 그 소절을 바탕으로 즉석에서 만든 곡을 연주해 보였어요. 베토벤의 연주를 들은 모차르트는 충격에 몸을 바르르 떨었지요.

"놀랍군! 이 청년은 조만간 음악계의 큰 인물이 되겠어!"

청년 베토벤은 연주가이자 작곡가로서 이름을 떨치게 돼요. 특히 베토벤의 연주에는 강력한 힘과 호소력이 있어 듣는 사람을 압도했지요. 유명한 연주가들이 앞다투어 베토벤에게 연주 대결을 신청했답니다.

천재 모차르트도 감탄한 즉흥 연주!

"나와 실력을 겨뤄 보자!"

그렇게 도전장을 내민 것은 당시 파리와 런던에서 주목받던 작곡가 다니엘 슈타이벨트였어요. 그는 자신의 특기인 '트레몰로 주법(같은 음을 계속 반복해서 치는 방법)'을 선보였어요.

베토벤은 조용히 슈타이벨트가 작곡한 악보를 집어 들더니 그걸 거꾸로 놓았어요. 그리고 거꾸로 적힌 음표를 보면서 즉흥으로 피아노를 치기 시작했답니다. 즉흥 연주에 몰입한 베토벤의 모습은 마법사 같기도, 악마 같기도 했어요. 베토벤의 완벽한 승리였지요. 누구도 흉내 낼 수 없는 연주 실력이었으니까요.

"베토벤은 악마의 화신이야. 아마 모차르트도 이기지 못할걸?"

베토벤과 모차르트를 비교하며 수군대는 사람이 있을 정도였죠. 그만큼 베토벤의 명성은 날로 높아졌습니다.

베토벤의 명언

자신의 불행을 생각하지 않게 하는 가장 좋은 방법은 일에 몰두하는 것이다.

하지만 베토벤은 인생에서 가장 큰 고비를 맞이하게 됩니다. 스물여덟 살 무렵부터 귀가 거의 안 들리게 된 거죠. 음악가에겐 사형 선고나 다름없었습니다. 실제로 베토벤은 스스로 목숨을 끊고 싶을 정도로 괴로워했지요.

그래도 베토벤은 음악을 포기하지 않았습니다. 피아노 소리의 진동을 느끼는 장치를 만들어 그것을 입에 물고, 소리를 진동으로 느끼며 음악을 만들어 내기 시작한 것이죠. 오히려 이 시기의 베토벤이 남긴 음악이야말로 더욱 깊이와 감동이 있다고 합니다.

힘든 상황 속에서도 교향곡 제5번 「운명」, 교향곡 제6번 「전원」, 피아노 소나타 제14번 「월광」 등 수많은 명곡을 탄생시킨 '불굴의 음악가' 베토벤. 베토벤의 음악을 향한 열정의 시작은 어린 시절 아버지에게 반항하며 치다가 푹 빠지게 된 '즉흥 연주'일지도 모르겠습니다.

11 엔진이 좋아!

엔진에 미친 소년,
세계적인 자동차 회사를 만들다
혼다 소이치로
1906~1991, 일본

세계적인 자동차 회사 '혼다'의 창립자.
엔진이 달린 기계만 보면 무작정 쫓아가는 엉뚱한 소년이었다!

혼다 소이치로가 엔진에 마음을 빼앗긴 것은 네다섯 살 무렵이었어요. 집에서 4킬로미터쯤 떨어진 정미소에 엔진이 달린 정미기가 있었는데 그걸 그렇게 좋아했답니다!

종종 할아버지를 따라 정미소에 갔던 소이치로는 퉁, 퉁, 퉁! 울리는 엔진 소리에 마음을 빼앗겨 시간 가는 줄 모르고 정미기를 지켜봤어요. 사람에 따라서는 '윽!' 하고 코를 싸쥘 정도로 싫어하는 기름 냄새까지 좋아했고요.

그런 소이치로가 자동차를 처음 본 것은 여덟 살 때예요. 어느 날 마을에 T형 포드(미국의 포드 자동차에서 1908년 내놓은 대중을 위한 자동차)가 나타났어요. 커다란 검은 상자처럼 생긴 게 펑, 펑! 엔진 소리를 울리며 달리는 모습이 신기했어요.

"우아, 대단하다! 엔진으로 달리고 있어!"

어린 소이치로의 눈에는 달리는 자동차가 그렇게 멋져 보일 수가 없었어요. 그래서 무작정 차에 뛰어올랐지요.

달리는 차에 뛰어오르는 건 위험천만한 일이에요! 하지만 당시의 자동차는 속도가 엄청 느렸기 때문에 다행히 사고로 이어지지는 않았습니다.

한참을 달리던 차에서 뛰어내린 소이치로는 기름이 방울방울 떨어져 있는 땅바닥에 납작 엎드렸지요. 그러고는 킁킁 냄새를 맡았어요.

몸에 울리는 황홀한 엔진 소리!

"우아, 기름 냄새다!"

신이 나서 손과 가슴팍에 기름을 치덕치덕 바르는 소이치로. 향기롭지 못한 기름 냄새에도 황홀한 표정을 지었어요. 소이치로에게 엔진 소리와 기름 냄새는 '꿈과 낭만' 그 자체였답니다.

열한 살 때, 소이치로는 비행기 쇼가 열린다는 소문을 들었어요.

'보고 싶어! 꼭 보고 싶어!'

자동차 엔진과는 비교할 수 없이 큰 엔진이 달린 비행기를 보고 싶은 마음에 소이치로의 가슴은 마구 뛰었어요. 그러나 비행기 쇼가 열리는 장소는 마을에서 꽤 떨어진 곳이었어요. 아버지에게 말해 봐야 보내 주지 않을 게 뻔하다고 생각한 소이치로는 혼자서 모험을 계획했죠.

일단 부모님의 지갑에서 돈을 훔친 뒤, 학교에 가는 척하고 몰래 아버지의 자전거를 타고 비행기 쇼가 열리는 곳으로 향했답니다.

"에잇, 안장에 올라갈 수가 없잖아!"

어른용 자전거는 어린 소이치로에게 너무 컸어요. 하지만 포기하지 않고 끙끙대며 자전거 페달을 굴렸습니다. 어린아이에게는 굉장히 먼, 한나절이나 걸리는 거리였지만 오로지 비행기를 보고 싶다는 마음 하나로 땀을 뻘뻘 흘리며 간 거예요.

마침내 목적지에 도착한 소이치로. 드디어 비행기를 볼 수 있다고 생각했지만 쇼를 보려면 당시 돈으로 '10전'이 필요했어요. 하지만 소이치로가 가진 돈은 2전뿐, 8전이나 부족했지요. 쇼가 열리는 장소는 담장으로 둘러쳐져 있어서 돈을 내야만 안으로 들어갈 수 있었어요.

"그래, 저 나무에 올라가서 보는 거야!"

소이치로는 커다란 소나무에 낑낑거리며 올라갔어요.

"엔진 소리가 굉장해!"

드디어 비행기 쇼가 시작되었어요. 비행기는 공중회전, 급강하, 저공비행 등 하늘을 맘껏 날아다니며 현란한 비행을 선보였어요. 소이치로는 손에 땀을 쥐게 하는 광경을 한순간이라도 놓칠세라 눈도 깜빡이지 못했답니다.

나무 위가 특별석!

쇼가 끝나고 집으로 돌아오는 길은 마치 비행사가 된 것처럼 하늘에 둥둥 떠 있는 기분이었죠.

그런데 집으로 돌아가자마자 아버지의 불호령이 떨어졌어요.

"소이치로! 학교에 안 가고 대체 어디 갔다 온 거냐!"

물론 각오는 하고 있었어요. 그런데 비행기 쇼를 보러 갔다고 솔직하게 말한 순간, 아버지의 눈이 반짝 빛났어요.

"비행기를 보러 갔다고? 그래, 비행기가 어떻게 생겼더냐?"

소이치로가 손짓, 발짓을 섞어 가며 본 것을 이야기하자 아버지도 감탄을 금치 못했어요. 실은 아버지도 비행기를 보고 싶었던 거예요! 그 뒤로 아버지와 아들은 오래오래 비행기를 화제로 이야기꽃을 피웠답니다.

몇 년 후, 학교를 졸업한 소이치로는 자동차 수리 공장에서 일을 시작했어요. 그곳에서 자동차와 관련된 기술을 익힐 수 있었지요. 그리고 마흔두 살이 되던 해 '혼다'라는 회사를 직접 차리게 됩니다.

"내 손으로 꼭 엔진을 만들겠어!"

고성능 엔진 개발이라는 원대한 꿈을 가슴에 품고 도전을 멈추지 않았던 혼다 소이치로. 마침내 작지만 힘 있는 엔진 개발에 성공하지요. 그리고 그 엔진으로 오토바이와 자동차, 심지어 레이싱 카까지 만들어 내며 소이치로의 회사 혼다는 세계적인 자동차 회사로 자리매김합니다.

소이치로가 어렸을 때만 해도 자동차는 마을에서 보는 것조차 힘든 물건이었습니다. 하지만 소이치로는 자기가 '좋아하는 것'에 몰입하며 그에 대한 도전을 멈추지 않았지요. 결국 세계적인 기업을 일구어 낸 그의 모습에서 우리는 큰 깨달음을 얻을 수 있습니다.

소이치로는 엔진이 달린 자전거 '바타바타'를 출시해서 성공을 거둡니다. 이때의 성공은 자동차 개발에도 영향을 미쳐 혼다가 세계적인 기업이 되는 밑거름이 되지요.

바타바타

혼다 소이치로의 명언

실패를 두려워하기보다는 도전하지 않는 것을 두려워하라.

12 비둘기와 투우가 좋아!

20세기 최고의 화가에게
비둘기와 투우는 어떤 의미였을까?

피카소
1881~1973, 스페인

20세기 최고의 화가로 손꼽히는 파블로 피카소.
비둘기와 투우에 푹 빠졌던 어린 시절 이야기!

"아빠, 또 비둘기 그림을 그려요?"
"그렇단다. 레스토랑에 걸 그림을 주문받았거든."
피카소의 아버지는 화가이자 미술 선생님이었어요. 집에 비둘기 둥지를 만들어 뒀을 정도로 비둘기를 좋아했던 아버지는 비둘기 그림을 즐겨 그렸어요. 평화의 상징이라는 이미지와 우아하고 자유롭게 날아다니는 모습에 끌린 거예요.

그런 아버지 밑에서 자란 피카소도 비둘기와 그림 그리기를 무척 좋아했어요. 비둘기의 아름다운 곡선과 복슬복슬한 깃털을 그리며 '나도 아버지처럼 되고 싶어.'라고 생각하곤 했죠.

평화의 상징!

아버지는 어린 피카소를 데리고 투우장에 가는 것을 좋아했어요. 투우는 스페인 전통 경기로, 우리나라의 씨름이나 태권도 같은 것이라고 생각하면 돼요. 하지만 소와 사람이 싸우는 투우는 양쪽 다 목숨을 걸어야 할 정도로 매우 위험하고 격렬한 경기예요.

손에 땀을 쥐고 경기를 관람하던 피카소는 투우에 완전히 마음을 빼앗기고 말았답니다. 그리고 흥분한 얼굴로 스케치북에 생동감 넘치는 소와 그에 맞서 싸우는 투우사를 그려 나갔어요.

목숨을 건 싸움, 투우에 마음을 빼앗겼다!

그 후로 피카소는 투우에 푹 빠져, 꼭 스스로 투우사가 된 것 같았어요. 피카소가 붓을 쥐고 캔버스를 마주할 때면 투우장에서나 느낄 수 있는 팽팽한 긴장감이 흘렀지요.

'바로 이거야!'

피카소는 엄청난 집중력을 발휘하며 그림을 완성해 나갔어요. 이 무렵부터 피카소의 그림에는 힘이 넘쳤고 생동감이 더해졌지요.

초등학교 시절, 피카소는 학교에서 돌아오면 곧장 그림부터 그리기 시작했습니다. 어머니는 친구들하고 놀기도 하라며 걱정했지만 피카소의 대답은 단호했답니다.

"놀 시간이 없어요!"

그런 그가 여덟 살 때 처음 도전한 유화는 「피카도르」, 바로 '창을 든 투우사'였어요.

휘황찬란한 옷을 몸에 두르고 말에 올라탄 투우사. 그 힘찬 터치와 박력 넘치는 구도를 본 아버지는 눈이 휘둥그레졌어요.

생동감과 힘이 넘치는 창을 든 투우사!

'이 아이는 나보다 훨씬 재능이 뛰어나구나!' 탁월한 그림 솜씨는 물론, 작품에 담긴 생동감이 남달랐지요. 얼마 후 아버지는 자신의 미술 도구를 물려주며 피카소의 미술 활동을 더욱 격려해 주었어요.

피카소는 자신이 좋아하던 투우에서 격렬한 저항의 이미지를 발견했어요. 그리고 그 이미지는 전쟁을 비판하고 반대하던 피카소에게 점점 더 중요한 의미가 되었어요.

피카소의 가장 유명한 작품은 「게르니카」입니다. 전쟁에 반대하는 의미를 담은 이 거대한 크기의 그림에도 소와 비둘기가 등장하지요. 어릴 때부터 품어왔던 평화와 저항이라는 주제 의식이 많은 사람의 마음을 움직이는 예술로 완성된 거예요.

비둘기와 투우에 마음을 빼앗긴 소년 피카소의 모습에서 우리는 불꽃 같은 열정을 느낄 수 있습니다.

어릴 적 푹 빠져 있던 것에서 인생의 중요한 의미를 찾아낸 피카소. 정말 대단하지 않나요?

피카소의 명언

모든 어린이는 예술가다.
문제는 어른이 되어서도 예술가로
남아 있을 수 있냐는 것이다.

13 시와 편지가 좋아!

시와 편지를 사랑한 소년, 전설적인 작가가 되다
괴테
1749~1832, 독일

『젊은 베르테르의 슬픔』, 『파우스트』 등 수많은 걸작을 남긴 독일의 작가. 시와 편지를 너무나 사랑했던 어린 시절!

요한 볼프강 폰 괴테는 어릴 때부터 시 쓰기를 무척 좋아했어요. 시는 말이 지닌 소리와 리듬을 맛볼 수 있는 데다 이야기까지 즐길 수 있기 때문이에요. 또 마음을 담은 편지가 된다는 점도 멋지고요. 시에 대한 재능이 탁월했던 괴테에게 시 쓰기란 놀이나 다름없었답니다.

괴테가 일곱 살 때, 새해를 맞아 할아버지와 할머니에게 시를 선물했어요.

반짝 반짝 빛나는 행복
제가 보내는 축복

> 반짝반짝 빛나는 행복, 제가 보내는 축복
> 두 분만을 위한 편지
> 하지만 하늘에 계신 신도 보시지
> 새해가 밝았어요
> 올해도 건강하시고, 행복 가득하시길

 할아버지와 할머니는 괴테가 쓴 아름다운 문장에 눈물을 흘리며 기뻐했답니다.

 말의 재미를 알게 된 괴테는 틈틈이 시의 소재가 될 만한 말들을 노트에 적어 뒀어요. 그러면서 하나의 말이 여러 의미를 갖기도 하고, 의미는 다르지만 소리가 비슷한 말도 많다는 것을 알게 돼요.

 시 짓기를 즐겼던 괴테에게는 다른 언어 공부도 어렵지 않았어요. 영어, 프랑스어, 이탈리아어 등 빠른 시간 안에 다양한 나라의 말을 익혔답니다. 괴테에게는 외국어 공부도 말을 가지고 노는 것과 같았으니까요. 이 말들을 사용해 매일같이 일기와 편지도 썼답니다.

 열네 살 무렵, 친구들 사이에서 이미 괴테의 시 짓는 솜씨는 소문이 자자했어요. 하루는 친구 필라데스가 화가 난 얼굴로 한 소년을 데려왔어요.

"네가 얼마나 시를 잘 짓는지, 얘가 믿지를 않아!"

괴테에 대해 전혀 모르는 아이가 자신을 거짓말쟁이로 생각하는 것에 화가 난 모양이에요.

"좋은 생각이 떠올랐어! 아무거나 생각나는 주제를 말해 봐. 그럼 괴테가 즉석에서 시를 짓는 거야, 어때?"

낯선 소년이 대답했어요.

"그럼 수줍음 많은 여자애가 좋아하는 남자애한테 보내는 연애편지 같은 느낌의 시를 한번 써 봐."

벤치에 앉아 잠시 생각에 잠겨 있던 괴테는 소년이 건네준 수첩에 쓱쓱 시를 써 내려갔어요. 완성된 시를 읽은 소년은 즉시 사과했고, 필라데스는 마치 자기 일처럼 어깨가 으쓱해졌지요. 이 사건은 이렇게 끝났다……고 생각했지만 그게 끝이 아니었어요.

며칠 후, 소년이 괴테를 다시 찾아온 거예요.

"지난번에 네가 쓴 시를 친구에게 보냈어. 그랬더니 정말로 여자애가 보낸 연애편지인 줄 알고 좋아서 어쩔 줄 모르지 뭐야. 친구가 그 여자애한테 답장으로 시를 써서 보내고 싶대. 부탁할게, 네가 꼭 좀 써 줘!"

맙소사! 괴테는 자신이 쓴 가짜 연애편지에 답장까지 써야 했답니다.

연애편지와 관련된 괴테의 이야기는 꽤 유명합니다. 괴테는 사랑에 빠질 때마다 애절한 연애편지를 썼지요.

특히 20대 때, 첫눈에 반한 샤를로테에게 보낸

연애편지는 무려 1,500통이나 되었다고 해요. 이 사랑은 안타깝게도 이어지지 못했지만, 『젊은 베르테르의 슬픔』이 나오는 데 결정적인 역할을 합니다. 이 책은 괴테가 자신의 경험을 바탕으로 쓴 편지 형식의 소설인데, 출간되자마자 독일뿐 아니라 온 유럽에서 엄청난 인기를 끌었지요. 괴테는 단숨에 재능을 인정받아 세계적인 작가가 되었어요.

괴테의 문장은 단순하면서도 아름다우며 깊이가 남다른 것이 특징입니다. 그래서 사람들의 마음을 사로잡을 수 있었지요. 시와 편지를 유난히 사랑했던 어린 시절이 있었기에 가능했던 일입니다.

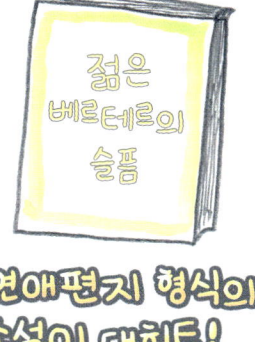

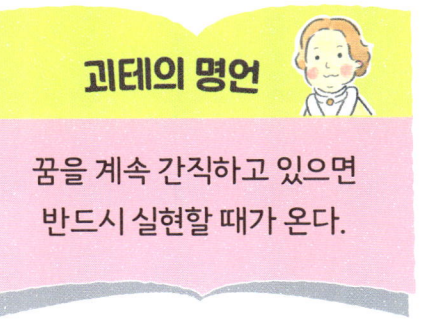

14 수학이 좋아!

**최고의 상은 장난감도 과자도 아닌,
바로 수학**

파스칼
1623~1662, 프랑스

**예리하면서도 깊이 있는 명언을 남긴 철학자이자 뛰어난 수학자.
장난감보다 수학을 좋아했던 어린 시절!**

   십 대에 이미 수학 논문을 발표하여 '천재' 소리를 들은 파스칼. 그런데 파스칼은 학교에 다니지 않고 모든 걸 아버지에게 배웠어요. 자녀 교육에 대한 열정이 대단했던 파스칼의 아버지는 세 살짜리 아들이 어른들의 대화를 이해하는 것을 보고 아들의 천재성을 일찍이 알아차렸습니다.

   파스칼이 여덟 살이 되자 아버지는 과감하게 다니던 직장을 그만두고 파리로 이사를 갑니다. 조상 대대로 물려받은 땅을 전부 팔아 버렸기 때문에 돈 걱정은

없었지요. 이후 아버지는 아들의 재능을 꽃피우는 데 오롯이 인생을 바칩니다.

아버지는 아들이 수학보다는 먼저 인문학 공부를 하기 원했어요. 회계사로 일했던 아버지는 수학을 굉장히 좋아했는데, 파스칼이 수학의 매력에 빠지면 다른 공부는 눈에 안 들어올 거라고 생각했지요.

인문학 중에서도 학문의 기초라고 할 수 있는 라틴어와 그리스어를 먼저 배우기를 원했어요. 그리고 수학은 천천히 가르쳐야 한다고 생각했죠. 하지만 아버지의 계획은 오히려 파스칼의 왕성한 호기심에 불을 당겼어요. 파스칼은 아버지가 귀찮아할 정도로 졸졸 따라다니며 수학을 가르쳐 달라고 했어요.

"먼저 라틴어와 그리스어를 공부하렴. 그 둘을 잘하게 되면 상으로 수학을 가르쳐 주마."

수학이 상이라니! 심지어 아버지는 집에 있는 수학책을 몽땅 숨겨 버렸답니다.

"수학도 조금만 가르쳐 주세요! 제발요."

하지만 파스칼도 포기하지 않고 계속 수학을 가르쳐 달라고 매달렸어요. 결국 아버지는 어쩔 수 없이 수학을 조금 가르쳐 주었지요.

"기하학은 도형이나 공간의 성질을 연구하는 학문이야. 자, 여기까지!"

"애개, 그게 다예요?"

하지만 그것으로 만족할 파스칼이 아니지요. 곧바로 자기 방에

배우기도 전에 수학적 재능을 발휘했다!

틀어박혀 바닥에 원과 삼각형, 사각형 등을 그려 놓고 골똘히 생각했어요.

'도형들 사이에 내가 모르는 법칙이 숨어 있지는 않을까?'

도형을 나란히 놓았다가 그걸 다시 돌려 놓는 모습은 흡사 퍼즐 놀이 같았죠. 며칠 뒤, 파스칼은 아버지가 들어온 줄도 모르고 바닥에 늘어놓은 도형과 씨름하고 있었어요.

"얘야, 지금 뭐하고 있니?"

"앗, 아빠 마침 잘 오셨어요. 이거 보세요! 삼각형의 각을 전부 합하면 사각형의 각 두 개의 합이 돼요!"

열두 살의 어린 파스칼은 자기도 모르는 새에 '삼각형 내각의 크기 합은 180도'라는 정리를 증명한 거예요. 이러한 수학에 대한 파스칼의 열정에 아버지도 결국 항복하고 말았답니다.

"오늘부터 수학을 가르쳐 주마."

파스칼은 노는 시간까지 아껴 수학을 공부할 정도로 수학을 무척 좋아했어요. 열네 살에는 수학자들의 모임에 참여할 정도였고, 열여섯 살에는 「원추곡선에 관한 소론」이란 논문을 발표해서 수학자들을 놀라게 했지요. 열아홉 살에는 세계 최초의 기계식 계산기까지 만들어 냈답니다.

수학에 대한 열정이 있었기에 가능한 일이었죠.

파스칼의 명언

인간은 자연에서 가장 연약한 갈대에 불과하다. 하지만 생각하는 갈대다.

15 곤충이 좋아!

못 말리는 곤충 애호가, 진화론의 아버지가 되다
찰스 다윈
1809~1882, 영국

모든 생물은 신이 만들었다고 믿었던 시대에 반기를 들었던 진화론.
진화론의 시작은 다윈의 못 말리는 곤충 사랑이었다!

찰스 다윈은 영국의 부유한 가정에서 태어났어요. 의사였던 아버지는 다윈도 아버지를 따라 의사가 되기를 바랐죠.

하지만 다윈은 공부에는 통 관심이 없었어요. 곤충을 너무 좋아해서 산과 들을 돌아다니며 곤충을 잡거나 관찰하면서 노는 데 열중했지요. 다윈이 특히 좋아했던 곤충은 반짝반짝 빛나는 딱정벌레*였어요.

"풍뎅이만 하더라도 종류가 엄청 많아. 언젠가는 딱정벌레를 전부 조사해 볼 거야!"

● **딱정벌레**: 곤충의 일종으로 풍뎅이, 하늘소, 사슴벌레 등이 있다. 온몸이 단단하게 싸여 있고 앞날개가 단단하다.

다윈은 열 살 때 처음으로 바다에 가게 되었어요. 하지만 바다에는 들어가지 않고 곤충 채집에만 열을 올렸어요. 바닷가에서만 볼 수 있는 신기한 곤충이 많았거든요. 게임에 비유하자면 '희귀한 아이템' 얻기에 푹 빠진 거죠.

함께 간 누나는 다윈에게 마구 화를 냈어요.

"바다에 처음 왔는데 뭐 하는 거야!"

다윈이 열여섯 살 때의 일이에요. 공부는 나 몰라라 하고 곤충 채집에만 열을 올리는 다윈을 보며 아버지는 결국 폭발하고 말았어요.

"너는 가족의 수치다! 이래서 어떻게 의사가 될 거야! 당장 의과 대학에 가!"

억지로 의과 대학에 진학한 다윈. 하지만 피를 보는 게 끔찍하게 싫었던 탓에 수술 수업에서 도망치기 일쑤였어요. 결국 아버지도 포기할 수밖에 없었지요.

"의사를 못하겠으면 목사라도 돼라."

"……네? 아, 네!"

다윈은 시골 목사가 되면 풍요로운 자연 속에서 맘껏 곤충을 잡으며 살 수 있을 거라는 생각에 속으로 쾌재를 불렀습니다. 아니나 다를까 시골에 가서도 신학 공부는 뒷전, 곤충 채집에만 열중했지요.

어느 날, 숲에서 곤충 채집을 하던 다윈은 흥분한 목소리로 소리 쳤어요.

"와! 희귀한 딱정벌레다!"

바로 잡으려 했지만…… 이미 다윈의 두 손엔 또 다른 희귀 딱정벌레가 들려 있었죠. 다윈은 아주 잠깐 고민하다가, 오른손에 들고 있던 딱정벌레를 입속으로 휙 던져 넣고, 새로운 딱정벌레를 잡으려 했어요. 그런데 입안의 딱정벌레가 이상한 액체를 슉 내뿜었지 뭐예요!

"우웩! 퉤퉤!"

결국 딱정벌레 세 마리는 모두 도망치고 말았습니다.

이렇듯 다윈은 못 말리는 '곤충 애호가'였습니다. 어릴 때부터 곤충을 너무 좋아해서 산과 들을 쏘다니며 곤충 채집에 열을 올렸고, 채집한 곤충을 종류별로 분류하는 작업에 몰입했지요. 곤충뿐만 아니라 식물이나 조개껍질 등도 다윈의 채집 대상이었어요. 자세히 들여다보면 각각의 생물들은 그 종류가 엄청나게 다양했고, 다윈은 점차 생물의 다양성에 마음을 빼앗기게 됩니다. 그리고 이런 경험들은 훗날 다윈이 '진화론'을 발표하는 데 결정적인 역할을 하지요.

진화론에 따르면 생물은 환경에 적응하면서 모습이 바뀌며, 생존 경쟁에 적합한 것은 살아남고, 그렇지 못한 것은 살아남지 못한다고 합니다. 다윈이 쓴 『종의 기원』이라는 책에서 처음 발표한 내용인데, 엄청난 관심과 비판을 동시에 받아야 했지요. 그때까지만 해도 사람들은 모든 생물은 신이 만들었다고 믿었거든요. 하지만 진화론은 점차 사람들에게 인정받게 되었고 현대 생물학이 발달하는 데 큰 역할을 합니다.

이 모든 건 다윈이 어릴 적 곤충 채집에 몰입했던 결과가 아닐까요?

찰스 다윈의 명언

자연에서 살아남는 것은 가장 강하거나 똑똑한 종이 아니라, 변화에 가장 잘 적응하는 종이다.

16 사냥 놀이가 좋아!

사냥 놀이를 하며 기른 관찰력으로
페니실린을 만들다
알렉산더 플레밍
1881~1955, 영국

**최초의 항생제인 페니실린을 발견해 수많은 사람을 살린 과학자.
그의 남다른 관찰력은 사냥 놀이에서 키워졌다!**

알렉산더 플레밍은 어린 시절, 비슷한 나이의 형제들과 스코틀랜드의 대자연 속에서 맘껏 뛰놀았어요. 특히 좋아했던 놀이는 토끼 사냥! 들판을 쏘다니며 토끼를 잡곤 했답니다.
"저기 토끼가 있다!"
우거진 수풀 사이로 언뜻 토끼의 귀가 보였어요. 플레밍은 토끼에게 들키지 않도록 살금살금 다가가서 순식간에 토끼의 다리를 잡아챘어요. 그렇게 잡은 토끼를 높이 들어 올리고 형제들을 향해 소리쳤지요.
"내가 잡았어!"

토끼 사냥은 마냥 쫓아다니기만 하는 일반적인 사냥과는 다른 재미가 있었어요. 아무리 작아도 상대는 야생 동물. 어디로 도망칠지 알 수 없기 때문에 무조건 쫓기만 해서는 절대로 잡을 수 없었어요. 그래서 플레밍은 토끼의 '습성'을 이용해서 사냥을 했답니다.

플레밍은 '토끼는 눈만 마주치지 않으면 도망가지 않는다.'는 사실을 수많은 토끼 사냥을 통해 알게 되었어요. 그래서 풀숲에 숨어 있는 토끼를 발견하면 모르는 척 천천히 지나가다가 확 달려들어 잡았죠! 토끼의 습성을 관찰했기 때문에 생각해 낼 수 있었던 플레밍의 사냥법이었어요.

플레밍의 남다른 관찰력은 다른 사냥에서도 발휘되었어요. 하루는 둥지에서 물떼새 알을 몰래 가져오려 했어요. 어미 물떼새는 둥지의 위치를 들키지 않기 위해 둥지에서 바로 날아오르지 않고 쫑쫑쫑 조금 걸어가서 나는 습성이 있었지요. 물떼새의 습성을 알아챈 플레밍은 물떼새가 어디서 걸어오는지 유심히 지켜봤다가 어미 몰래 알을 훔쳐 왔어요.

그것 말고도 플레밍은 은어가 자기의 영역에 침입자가 나타나면 공격하는 습성을 이용한 은어 낚시도 즐겼습니다. 낚싯대에 다른 은어를 꿰어서 강에 던진 뒤, 그것을 공격하러 오는 은어들을 잡는 것이죠.

이처럼 플레밍은 동물들의 습성을 잘 관찰해 사냥 놀이를 실컷 했습니다.

열심히 노는 만큼 공부도 열심히 했던 플레밍은 이후 과학자가 되어 세균 연구에 몰두합니다. 그리고 현미경을 들여다보며 끈질기게 세균을 관찰한 결과, '세균이 증식하기 쉬운 환경이 있다.', '세균이

어미 물떼새의 습성을 이용해 알을 훔치다!

싫어하는 물질이 있다.' 등 세균의 여러 습성을 알게 되었지요.

하루는 세균을 키우는 유리 접시 속에 실수로 푸른곰팡이가 섞여 들어갔어요. 보통의 연구자라면 '어떻게 이런 실수를 하지? 누가 보기 전에 얼른 버려야겠다!'라고 생각했을 거예요. 하지만 플레밍은 그냥 지나치지 않았어요.

'세균에 푸른곰팡이가 들어가면 어떻게 될까?'

끈질기게 현미경을 바라보던 플레밍의 눈이 번쩍 뜨였습니다.

"세균은 푸른곰팡이가 만드는 물질을 싫어해!"

이때 플레밍의 발견 덕분에 최초의 항생제인 '페니실린'이 세상에 나오게 됩니다. 페니실린의 발명 이전에는 세균이 몸속으로 들어와 병을 일으켜도 그것을 치료할 수 있는 제대로 된 약이 없었어요. 예를 들어 감기에 걸려 염증이 생겨도 이를 치료할 방법이 없어 자연적으로 낫기만을 기다려야 했고, 그러다 죽는 일도 빈번히 일어났었죠. 하지만 '기적의 약'이라고 불리는 페니실린이 생긴 뒤 병균의 감염을 효과적으로 치료할 수 있게 되었습니다. 결국 플레밍이 어린 시절 사냥 놀이를 하며 길렀던 관찰력이 수많은 사람의 목숨을 살린 셈입니다.

알렉산더 플레밍의 명언

실험실에서 특별한 것이 보이면 절대로 소홀히 다루지 마라.

17 변신 놀이가 좋아!

무엇으로든 척척 변신하는 소녀, 전설적인 배우가 되다
잉그리드 버그만
1915~1982, 스웨덴

**세계에서 가장 유명한 영화상인 아카데미상을 세 번이나 받은 배우.
어린 시절 다른 누군가로 변신하는 놀이를 무척 좋아했다!**

잉그리드 버그만은 변신 놀이를 무척이나 좋아하는 소녀였어요. 아버지의 커다란 모자와 구두, 안경을 쓰고 거기에 파이프까지 물면 꼬마 신사로 완벽 변신! 아버지는 그런 딸의 모습이 사랑스러워서 카메라에 담곤 했지요.

버그만은 세 살 때 어머니가 돌아가신 뒤로 무척이나 외롭고 쓸쓸했지만 변신 놀이를 할 때만큼은 행복했어요. 수줍음이 많은 성격인데도 잘도 다른 것들로 척척 변신했지요. 버그만은 변변한 의상조차 없었지만 무엇으로든 변신할 수 있었어요.

에헴~오늘은 신사로 변신!

우리 딸 최고~

레이스 커튼을 몸에 두르고 허리를 꽉 조이면 예쁜 공주님이 될 수 있었고, 담요를 뒤집어쓰고 '크엉~'하고 소리치면 배고픈 곰이 되기도 했답니다. 심지어 전봇대나 화분으로도 변신할 수 있었지요. 버그만은 뭔가로 변신하는 것이 너무나 재미있었어요.

 어느 날은 개로 변신할 셈으로 아버지에게 목줄을 매어 산책시켜 달라고 졸랐답니다. 하지만 아버지는 단호하게 안 된다고 거절했어요. 아무리 딸이 좋아하는 놀이라지만 마을 사람들이 뭐라고 수군거릴지 모르니까요. 하지만 버그만은 아랑곳하지 않았지요.

 '목줄 같은 거 없어도 괜찮아. 지금부터 나는 개니까.'

밖으로 나간 버그만은 졸래졸래 아버지의 발밑을 따라 걸어가면서 길 가는 사람에게 개처럼 짖으며 덤벼들지를 않나, 전봇대에 한쪽 다리를 들고 오줌 누는 시늉을 하기도 했어요! 아버지는 그런 딸을 못마땅한 얼굴로 지켜봤지요. 하지만 버그만은 아버지의 곤혹스러움을 알면서도 개 흉내를 멈추지 않았답니다.

처음에는 어머니를 잃은 슬픔을 달래기 위해 시작한 변신 놀이였지만 저도 모르는 사이 그 놀이 자체에 깊이 빠져든 거예요.

열한 살 때, 버그만은 아버지 손을 잡고 난생처음 연극을 보러 갔어요. 왕과 공주 의상을 입고 무대에서 연기하는 어른들을 본 버그만은 깜짝 놀라 소리쳤어요.

"말도 안 돼! 저건 내가 만날 하는 놀이야! 저걸 하면 돈도 벌 수 있어요? 아빠, 제가 커서 하고 싶은 게 바로 저거예요!"

그러나 평소의 버그만은 수줍음이 많은 아이였기에 낯선 사람이 이름만 물어 와도 얼굴이 새빨개졌고, 수업 시간에 스스로 손을 든 적이 한 번도 없었지요. 그 정도였으니, 배우가 되고 싶다는 말에 주위에서 코웃음을 칠 수밖에요.

"너 같은 부끄럼쟁이가 어떻게 배우가 된다고 그래!"

하지만 버그만은 '수줍음 많은 사람이야말로 완전히 다른 사람이 될 수 있어.'라고 굳게 믿었답니다. 실제로 버그만은 무대 위에만 올라가면 평소와 달리 거짓말처럼 긴장이 사라지면서 자신만만해졌어요.

잉그리드 버그만은 십 대 후반에 할리우드 영화 「이별」에 출연하기 위해 스웨덴을 떠나 미국으로 건너가요. 그리고 이 영화의 성공으로 인기 배우의 대열에 합류한 뒤, 자신감과 열정을 가지고 배우 활동에 몰입했어요. 그 결과, 할리우드 스타가 되어 세계적으로 사랑받는 배우가 되었습니다.

어린 시절, 푹 빠졌던 '변신 놀이' 경험이 버그만을 성공으로 이끈 거예요.

잉그리드 버그만의 명언

부와 명성에서 성공을 찾은 적은 없어요.
성공은 재능과 열정 속에 있어요.

칼럼 ②

찾아봐!
우리 주변에 있는 미래의 위인

여러분 주변에도 혹시 이런 친구가 있지 않나요?

어떤 한 가지를 너무 잘해서, 그 분야의 전문 박사가 된 친구요. 이를테면 엄청 복잡해 보이는 도안을 쓱 보고 척척 종이접기를 해내는 '종이접기 박사'. 아마 이런 친구는 종이접기 책에 나오지 않는 것도 뚝딱뚝딱 만들어 낼 거예요.

또, '축구 박사'. 축구에 푹 빠져서 맨날 공을 차고, 공책에 열심히 축구 경기 전략을 짜는 친구. 머릿속이 온통 축구 생각뿐이니 저도 모르게 작전을 생각하게 되지요.

게임을 좋아하는 친구도 있죠? 인기 있는 게임뿐 아니라 남들이 모르는 것까지 훤히 다 알고 있는 '게임 박사'. 이런 친구들은 프로그래밍을 배워서 직접 게임을 만들기도 합니다.

게임이 좋아!
종이접기가 좋아!
축구가 좋아!

게임이나 애니메이션의 캐릭터라면 모르는 게 없는 '캐릭터 박사'. 이 친구들은 캐릭터의 속성과 필살기를 아는 데서 그치지 않아요.

"만약 무인도에 떨어진다면 어떤 캐릭터가 좋을까?"

"새로운 시리즈를 만든다면 어떤 걸 만들고 싶어?"

이와 같이 캐릭터와 관련된 이야기라면 끝도 없이 할 수 있죠.

그 밖에도 돌을 수집하여 관찰하는 친구, 심해어에 대해서는 모르는 게 없는 친구, 역사를 좋아해서 궁궐 사랑에 푹 빠진 친구……. 어쩌면 이런 친구들이 '미래의 위인'일지도 몰라요!

뭐가 됐든 좋아해서 이것저것 찾아보거나, 아이디어를 내서 연구하는 것은 참 멋진 일이에요. 좋아하는 한 가지 일에 푹 빠져 본 경험은 미래를 열어 나가는 힘이 된답니다.

어때요, 별로 특별한 것도 아니죠? 혹시 주변에 한 가지 일에만 몰입하는 친구가 있다면 그 친구에게 배우면서 함께 즐겨 보세요.

반대로 자신이 정말 좋아하는 것이 있다면 그것을 친구에게 꼭 가르쳐 주세요. 그럼 미래의 위인이 점점 늘어날 테니까요.

18 인형 놀이가 좋아!

인형 놀이를 너무 좋아해서
직접 이야기까지 만들어 내다
안데르센
1805~1875, 덴마크

『인어공주』, 『성냥팔이 소녀』 등 전 세계인에게 사랑받는 이야기를 쓴 동화 작가의 시작은 인형 놀이였다!

한스 안데르센은 어렸을 때 인형 놀이를 너무 좋아했답니다. 어느 날, 솜씨 좋은 구두 장인이었던 아버지가 외동아들 안데르센에게 인형을 만들어 주었어요.
"끼익끽끽. 퍼어어어엉!"
"부르셨습니까, 주인님."
"램프의 요정, 멋진 성을 만들어 줘!"
안데르센은 아버지가 만들어 준 인형으로 『아라비안 나이트』 인형 놀이를 했어요.

작은 공간은 성이 되기도 하고, 사막이 되기도 하며 무한히 넓어져 갔지요. 그저 혼자서 놀 뿐이었지만 인형만 있으면 어떤 이야기나 인물이든 다 지어 낼 수 있었어요.

인형 놀이에 푹 빠진 안데르센은 여섯 살 때부터 알록달록한 낡은 천 조각으로 직접 인형 옷을 만들어 갈아입히며 놀았어요. 어린 안데르센에게는 다른 무엇보다도 인형 놀이가 가장 재미있었죠.

"이 인형은 임금님이야! 이쪽은 마법사!"

그렇게 혼자서 인형 놀이에 몰입하는 안데르센을 주위에서는 별난 아이라고 여겼어요.

안데르센의 집은 가난했지만 아버지는 문학과 연극을 좋아했고, 안데르센은 간혹 아버지를 따라 천막 극장에 갈 수 있었어요. 그 영향으로 연극을 무척 좋아하게 되었지요. 하지만 돈이 없으니 극장에 자주 갈 수는 없었어요.

그 대신 연극 홍보를 담당하는 아저씨와 친해져서 광고지를 한 장씩 얻어 오곤 했지요. 그리고 광고지를 구멍이

직접 인형 옷을 만들어 놀다!

날 정도로 들여다보면서 이야기를 상상해 보았어요. 이렇게 안데르센은 광고지를 통해 이야기 만드는 힘을 키워 나갔답니다.

안데르센이 열 살 때 아버지가 돌아가셨어요. 슬픔에 빠진 안데르센은 점점 더 인형 놀이에 빠지게 되었지요.

안데르센은 아버지가 남겨 준 인형을 가지고 이야기를 만들어 사람들에게 들려주었어요. 노래도 꽤 잘했기 때문에 평판이 아주 좋았지요. 안데르센은 자신감을 얻었어요.

'좋아, 배우가 되어 유명해지는 거야!'

열네 살이 된 안데르센은 약간의 돈을 들고 극장이 있는 코펜하

겐(덴마크에서 가장 큰 도시)으로 갈 결심을 합니다. 하지만 어머니는 크게 반대했어요.

"옷을 그렇게 잘 만드는데 재봉사가 되는 게 어떻겠니?"

"어머니, 저는 배우로 성공하고 싶어요."

어머니는 고민이 되어 점술가를 찾아가 물었어요.

"우리 아이가 과연 성공할 수 있을까요?"

"이 아이는 유명해질 거예요!"

이 말을 들은 어머니는 그제야 안데르센을 떠나보내기로 했어요.

"사실 아버지도 네가 하고 싶은 걸 하길 바라셨단다."

그렇게 집을 떠난 안데르센은 누구의 도움도 없이 배우로 성공하기 위해 애썼지만 결국 실패하고 말았어요. 게다가 들고 갔던 돈도 순식간에 떨어졌지요. 자신에게 실망하고 있을 때, 그토록 좋아했던 인형 놀이가 떠올랐습니다.

"그래, 나는 누구보다 이야기를 잘 만들어!"

맞아요, 안데르센은 누구보다 독창적이고 재미있는 이야기를 지을 수 있는 재능이 있었어요.

어린 시절 자신이 좋아했던 인형 놀이에서 재능을 찾은 안데르센은 그 후, 『벌거벗은 임금님』, 『미운 오리 새끼』, 『성냥팔이 소녀』, 『인어공주』 등 160개가 넘는 동화를 발표하여 전 세계인의 사랑을 받는 동화 작가가 되었답니다.

안데르센의 명언

삶 그 자체가 아름다운 동화이다.

19 도면이 좋아!

원하는 것은 뭐든 도면 먼저 그려 손수 만들었다
라이트 형제

윌버 라이트 1867~1912, 미국
오빌 라이트 1871~1948, 미국

세계 최초로 동력 비행기를 발명한 사람으로 유명한 라이트 형제.
도면만 그릴 수 있다면 무엇이든 만들 수 있다고 믿었던 어린 시절!

형 윌버 라이트와 동생 오빌 라이트는 어릴 때부터 무엇이든 직접 만들었어요. 만들기 전에는 반드시 먼저 도면을 그리고, 도면에 따라 정확하게 만들었지요. 도면의 완성도가 높아질수록 형제가 만든 물건의 완성도도 점점 더 높아졌어요. 형제에게 도면을 그리도록 계기를 마련해 준 사람은 바로 어머니였습니다.

윌버가 열한 살, 오빌이 일곱 살 때의 일이에요. 형제에게는 무척 갖고 싶은 것이 있었는데, 바로 눈 위를 씽씽 달리는 썰매였어요.

"엄마, 썰매 사 주세요. 딴 애들은 다 있단 말이에요!"

이렇게 졸라대는 형제를 보며 어머니는 넌지시 말을 던졌어요.

"너희들이 직접 만들어 보는 건 어떻겠니?"

"아, 그거 재밌겠는데요! 빨리 달리는 썰매를 만들고 싶어요."

형 윌버가 눈을 반짝였어요. 어머니는 그런 윌버에게 눈을 찡긋하면서 일단은 도면을 그려 보라고 말했어요.

"무작정 만들지 말고, 어떻게 만들지 미리 도면을 그려서 계획해 보렴."

"크게 만들어! 나도 함께 탈 수 있게 말이야."

여동생 캐서린도 옆에서 거들었어요.

"그럼 셋이서 탈 수 있게 긴 썰매를 만들자! 길이는 1.5미터."

하얀색 도면에 그림을 그리고 숫자도 적어 넣었어요.

"엄마 생각에는 폭과 높이는 다른 것보다 작게 만드는 게 좋을 것 같구나."

"왜요?"

"그래야 공기 저항이 줄어서 속도가 나거든."

엄마가 덧붙여 말했어요.

"얘들아, 먼저 생각하고 나서 도면을 그리는 게 중요하단다."

윌버와 오빌은 아버지의 목공 도구를 빌려와 직접 그린 도면대로

썰매를 만들기 위해 직접 도면을 그리다!

나무를 잘라서 썰매를 만들기 시작했어요. 톱질이나 망치질을 할 때는 조금 겁이 나기도 했지요. 하지만 도면을 보면서 썰매를 만드는 자신들의 모습이 마치 전문가가 된 것 같아 뿌듯했어요.

형제는 완성한 썰매를 가지고 눈 쌓인 언덕으로 갔어요.

"와하하, 그 괴상망측한 것도 썰매냐?"

친구들은 라이트 형제의 썰매를 놀려댔어요. 그도 그럴 것이 형제가 만든 썰매는 누가 봐도 길이가 무지무지 길었거든요. 하지만 막상 썰매를 타 보니 쌩-쌩- 엄청 잘 나갔어요. 형제는 다른 썰매를 따돌리며 맨 앞에서 신나게 달렸어요. 썰매가 빨리 달리는 만큼 풍경도 뒤로 휙휙 지나갔어요. 마치 하늘을 나는 기분이었지요.

"진짜 대단해! 어떻게 만든 거야?"

친구들이 부러워하며 물어보았고, 형제는 어깨를 으쓱하며 대답했어요.

"직접 도면까지 그린 다음에 만들었다고!"

그 후로 윌버와 오빌은 직접 그린 도면을 바탕으로 짐수레나 흔들의자, 죽마, 연 같은 도구를 만들었어요.

어느 날, 아버지가 여행 선물로 사다 준 장난감 헬리콥터가 망가지는 일이 생겼어요. 형제는 장난감을 분해한 뒤 정확하게 도면을 그려 뒀지요.

"도면만 있으면 똑같이 만드는 건 어렵지 않을 거야."

망가진 장난감을 분해해 도면을 그리다!

형제는 그려 둔 도면에 따라 다시 장난감을 만들었어요. 대나무로 만든 프로펠러에 고무줄을 칭칭 감은 장난감을 공중에 띄우자 하늘 높이 날아올랐지요.

'배트'라고 이름 붙인 이 장난감은 엄청난 인기를 끌었고, 몇몇 친구들에게는 돈을 받고 팔기도 했어요. 모든 게 다 도면을 그려 놓았기 때문에 가능한 일이었어요.

몇 년 후, 라이트 형제는 더 큰 물건인 인쇄기까지 만들게 됩니다.

동생 오빌은 열네 살 때 학교에서 신문을 만든 경험이 있어 평소 인쇄에 관심이 많았어요. 그래서 집에 작업실을 만들고 형 윌버와 함께 인쇄 사업을 시작했지요. 광고지 등을 주문받아서 자그마한 인쇄기를 돌리기 시작했어요.

"하아, 한 장 나오는데 시간이 이렇게 많이 걸리다니. 인쇄 공장에 있는 커다란 인쇄기가 필요한데……."

하지만 대량의 인쇄물을 한꺼번에 찍을 수 있는 대형 인쇄기는 값이 비싸서 구입하는 건 꿈도 꿀 수 없었어요.

"그럼 우리가 직접 만들자!"

라이트 형제는 인쇄 공장을 찾아가서 인쇄기를 꼼꼼하게 관찰했어요. 인쇄기가 어떻게 돌아가는지 살펴보았고, 각 부품들의 생김새와 크기를 공책에 자세히 기록했지요.

살 수 없다면 도면을 그려서 만들겠어!

결국 대형 인쇄기까지 만들다!

그리고 그 기록을 바탕으로 새로운 인쇄기 도면을 만들었답니다.

새롭게 만든 인쇄기는 놀라웠습니다. 발로 밟으면 롤러가 움직이는 구조라서 더 편리하고 빠르게 인쇄할 수 있었지요. 마을 사람들은 물론 소문을 듣고 전문 인쇄업자까지 보러 왔을 정도였어요.

훗날 라이트 형제는 세계 최초로 비행기를 만들면서 전 세계를 깜짝 놀라게 합니다. 하늘을 날 수 있는 비행기의 구조를 끈기 있게 연구한 덕분이지요. 아마 라이트 형제의 작업실에는 형제가 그린 비행기 도면이 무수히 많았을 거예요.

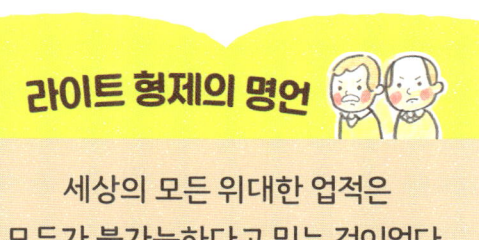

라이트 형제의 명언

세상의 모든 위대한 업적은 모두가 불가능하다고 믿는 것이었다.

20 공상이 좋아!

공상 속에 빠져 살던 소녀, 『빨간 머리 앤』을 쓰다
몽고메리
1874~1942, 캐나다

전 세계인이 사랑하는 소설 『빨간 머리 앤』을 쓴 작가.
소설 속 주인공 앤처럼 공상 속에 빠져 살았던 어린 시절!

반짝반짝 빛나는 하얀 모래밭에 드넓은 푸른 바다, 초록빛 언덕. 아름다운 자연에 둘러싸인 캐나다의 프린스에드워드섬에서 자란 루시 모드 몽고메리는 유난히 공상을 좋아하는 소녀였어요. 풍부한 상상력으로 매일 역할 놀이를 하며 홀로 시간을 보내곤 했지요.

"케이티, 미안해. 내가 아직 마법의 주문을 몰라."

몽고메리의 말소리를 들은 할머니는 깜짝 놀랐어요.

'얘가 누구랑 같이 있는 거지?'

할머니는 궁금한 얼굴로 방문을 열어 살펴보았어요. 몽고메리는 책장 유리문에 비친 자신을 가리키며 말하고 있었지요.

"할머니, 얘는 케이티예요."

지금은 이 안에 갇혀 있지만 마법의 주문만 알면 요정의 나라로 갈 수 있대요."

"……아니, 얘야 그게 무슨 말이니?"

"반대쪽에 있는 사람은 남편을 잃은 루시 부인이고요. 저한테 늘 재밌는 이야기를 들려줘요. 그런데 케이티와 루시 부인은 사이가 나빠서 서로 말도 잘 안 한다니까요! 둘 다 나하고만 이야기해요."

몽고메리는 유리문에 자신의 모습이 비치는 저녁 무렵이면 시간 가는 줄 모르고 혼자서 두런두런 이야기하며 놀았어요. 이 모습을 본 할머니는 한숨을 쉬곤 했죠.

"참 별난 아이도 다 있지……."

가족들은 늘 공상 속에 빠져 지내는 몽고메리가 별나다고 생각했어요.

공상 소녀 몽고메리, 상상 속 친구를 만들다!

몽고메리가 일곱 살이 되던 해, 새로운 친구들을 사귀게 되었어요. 동갑내기인 웰과 한 살 아래 데이브라는 남자아이들이었지요. 몽고메리는 친구들에게 상상으로 지어낸 '유령의 숲'에 대해 말해 줬어요.

"저기 가문비나무 숲이 보이지? 저 숲에 유령이 있어. 숲에서 하얀 것이 움직이는 걸 내가 봤다니까!"

웰과 데이브는 처음에는 믿지 않다가 몽고메리의 실감 나는 설명에 점차 얼굴이 하얗게 질리며 후들후들 떨기 시작했어요. 무서워하는 두 사람의 모습을 보자 몽고메리는 자신이 지어낸 이야기인데도 진짜 유령이 있다고 믿게 되었어요. 참 엉뚱하지요?

자신이 지어낸 이야기 속 유령이 진짜로 나타났다?

어느 날 저녁, 세 아이들은 신나게 놀다가 문득 유령의 숲 가까이에 있는 둑을 올려다보았는데 뭔가 희끄무레한 것이 보이는 게 아니겠어요? 마치 유령처럼 보이는 그것의 모습에 아이들은 모두 돌처럼 굳어 버렸지요.

"이쪽으로 온다!"

"진짜 유령이야! 하얀 유령이 흐느적대며 둑을 내려오고 있어!"

세 사람은 미친 듯이 뛰어서 집으로 돌아왔지만 와들와들 떨리는 몸은 쉽게 진정되지 않았어요.

나중에야 밝혀진 사실이지만 유령인 줄 알았던 것은 바로 할머니였어요! 하얀 식탁보를 어깨에 걸치고 있던 할머니의 모습을 보고는 자신이 만들어 낸 유령이라고 믿어 버린 거죠.

이처럼 공상하기를 즐겼던 모습은 훗날 몽고메리가 쓴 소설 『빨간 머리 앤』의 주인공 '앤 셜리'에 그대로 나타납니다. 앤의 엉뚱한 상상력과 말괄량이 같은 모습은 몽고메리와 무척 닮았죠.

공상을 너무 좋아해서 때때로 주변 사람들을 당황시킨 몽고메리. 그녀는 자신의 재능을 갈고닦아 남녀노소 누구에게나 사랑받는 소설을 쓸 수 있었답니다.

몽고메리의 명언

어차피 상상할 거라면 아주 멋진 상상을 하는 게 좋겠죠?

21 발명이 좋아!

'말하는 인형'을 만든 소년, 훗날 전화기를 발명하다
그레이엄 벨

1847~1922, 영국

**사람들을 돕고 싶었던 따뜻한 마음씨의 소년,
세상에 도움이 되는 발명품들을 만들다!**

알렉산더 그레이엄 벨은 열두 살의 어린 나이에 친구 아버지의 말 한 마디를 계기로 발명을 시작했어요. 친구 벤의 집에서 운영하는 제분소에서 숨바꼭질하고 놀 때, 벤의 아버지가 말했지요.

"얘들아, 놀기만 하지 말고 좋은 일을 해 보면 어때? 사람들한테 도움이 되는 일을 찾아보렴."

벨과 벤은 '어떻게 하면 사람들에게 도움을 줄 수 있을까?'를 생각하면서 제분소 안을 돌아다녔어요. 그러다 고생스럽게 밀 껍질을 벗기는 사람들을 보고 걸음을 멈췄어요.

'이 작업을 조금이라도 쉽게 할 수 있는 방법이 없을까?'

때마침 두 사람의 눈에 들어온 건 바로 작은 솔이었어요.

누군가에게 도움이 되는 발명을 하고 싶어!

"이걸 이용하면 해결될지도 몰라!"

우유 젓는 기계 속 회전 주걱 부분에 거칠거칠한 솔을 장착한 뒤, 손잡이를 돌리면 밀 껍질이 쉽게 벗겨질 것 같았죠.

결과는 대성공이었습니다. 새롭게 발명한 기계 덕에 손쉽게 밀 껍질을 벗길 수 있게 된 사람들은 무척 기뻐했지요.

"이렇게 편리한 걸 만들어 줘서 정말로 고맙구나."

자신의 발명품을 좋아하는 사람들을 본 벨은 행복했어요.

그 뒤로 벨과 벤에게는 '발명'이 가장 중요한 일이 되었어요. 벤의 아버지는 제분소 안에 작업실을 마련해 주었고, 두 사람은 매일같이 발명에 몰입했지요. 다양한 도구들을 요리조리 짜 맞춰 보며 새롭게 사용할 수 있는 방법을 고민하곤 했어요.

청각 장애인을 가르치고 있었던 벨의 아버지 또한 발명에 푹 빠진 벨의 모습을 유심히 지켜보았어요. 그러던 어느 날 벨에게 어려운 문제를 내주었지요.

"말하는 인형을 발명해 보아라. 비용은 아빠가 대 주마."

벨은 이 어려운 문제를 붙들고 씨름했어요. '이 발명은 분명 수많은 사람들에게 도움이 될 거야!'라고 생각하면서 말이죠. 학교 성적은 썩 좋지 않았지만, 이때는 책도 정말 많이 읽었어요. 심지어 정육점에서 송아지 목 부위를 사다가 해부까지 해 보았지요.

벨은 실험을 계속해 나갔어요. 그리고 고생 끝에 드디어 '말하는 인형'을 완성했습니다. 인형의 머리 뒤에 달린 관에 숨을 불어넣으면 입술을 움직여서 정확하게 '엄마'라고 말했지요.

"엄마, 엄마-!"

어찌나 사람 목소리와 비슷한지, 이웃 사람이 엉뚱한 오해를 할 정도였죠.

"어머, 벨 씨 집에 아기가 태어났군요."

아버지는 중간에 포기하지 않고 발명에 성공한 벨이 자랑스러웠어요.

- 뒤에서 숨을 불어넣으면 고무 사이로 공기가 빠져나간다.
- 고무판이 떨리면서 소리가 나온다.
- 지렛대로 인형 입을 움직이면 인간의 목소리와 비슷한 소리가 나온다.

 이 발명은 벨의 인생에 큰 영향을 끼치게 됩니다. 벨 또한 아버지와 마찬가지로 청각 장애인을 위한 교사로 일하게 되지요. 소리가 전달되는 구조를 정확히 이해했기에 가능한 일이었어요. 그리고 새로운 발명에 대한 도전도 멈추지 않았습니다.
 '언젠가 훨씬 뛰어난 형태의 말하는 인형을 만들고야 말겠어!'
 이때의 다짐은 훗날 벨이 '전화기'를 발명하는 데 결정적인 역할을 합니다. 소리에 대한 연구가 전화기 발명으로 이어진 것이죠.
 벨의 이야기를 통해 '다른 사람을 돕고 싶은 의지'와 '좋아하는 일'이 더해졌을 때 얼마나 위대한 일을 할 수 있는지 알 수 있습니다.

그레이엄 벨의 명언

지금 하고 있는 일에 모든 마음을 쏟아부어라. 햇빛은 하나의 초점에 모아질 때만 불꽃을 피우는 법이다.

22 장난이 좋아!

장난꾸러기 소년, 마을을 통째로 속이다
마크 트웨인
1835~1910, 미국

『톰 소여의 모험』으로 전 세계 어린이를 사로잡은 마크 트웨인. 소설 속 장난꾸러기 캐릭터는 마크 트웨인 그 자체였다!

마크 트웨인은 어린 시절부터 짓궂은 장난을 무척 좋아했어요.
"꺄아!"
얼굴이 새파랗게 질린 이모가 비명을 질렀어요. 재봉 상자에서 징그러운 뱀이 나왔으니까요. 상자를 열면 뱀이 툭 튀어나오도록 마크 트웨인이 장난을 친 거예요. 그 장면을 본 마크 트웨인은 얼마나 웃었던지 눈물이 다 나올 정도였답니다. 길에서 잡아 온 뱀을 재봉 상자에 넣어 두고 누군가 열어 보기만을 이제나저제나 기다렸거든요. 물론 나중에 눈물이 쏙 빠지도록 야단맞았지만요.

오늘은 무슨 장난을 칠까?

저러다 혼날 텐데…

두근 두근

장난을 심하게 치다가 결국 혼이 났다!

"오늘은 무슨 장난을 쳐 볼까?"

주위에서는 나이를 먹으면 장난치는 것이 줄어들까 기대했지만, 장난의 수위는 점점 더 높아져만 갔어요.

마크 트웨인이 열네 살 때 마을에서 최면술 쇼가 열린 적이 있어요. 최면술사의 최면에 걸린 사람은 갑자기 "뱀이다!"라고 비명을 지르면서 도망치거나, "노을이 아름다워!"라며 눈물을 흘리는 것 아니겠어요? 이를 본 관객들은 반신반의했죠. 최면술사가 관객 가운데 최면을 걸 상대를 찾자 마크 트웨인이 냉큼 나섰어요.

'······어쩌지, 아무렇지 않잖아?'

하지만 이 순간에도 우리의 악동 마크 트웨인의 장난기는 어김없이 발동했어요.

마크 트웨인은 벌떡 일어나 관객석 안으로 뛰어들었어요. 그리고 평소 자신을 괴롭히던 아이를 쫓아다니며 장난감 권총을 쏘아댔습니다. 박진감 넘치는 연기에 관객들 모두가 마크 트웨인이 최면술에 걸린 것이라고 감쪽같이 속았지요. 하지만 나이가 지긋한 마을 이장님은 여전히 '짜고 치는 쇼'라며 믿지 않았어요. 이에 마크 트웨인은 묘수를 떠올렸어요.

눈을 감고 몇십 년 전 마을에 일어났던 큰 화재 사건을 이야기하기 시작했지요.

"불이다! 불이 보여!"

당시 화재 상황을 마크 트웨인이 너무 실감 나게 이야기하자 이장님은 까무러칠 정도로 놀랐어요.

사실 그 화재 사건은 몇 년 전 이장님이 동네 아이들을 모아 놓고 이야기해 준 적이 있어요. 마크 트웨인은 그때 들은 이야기를 떠올린 것에 불과했지만

최면에 걸린 척해서 관객들을 흥분시키다!

이장님은 깜빡 속았지요. 그 뒤로 마을 사람들 중에 최면술을 믿지 않는 사람은 아무도 없었답니다.

하지만 이후 마크 트웨인은 마을 사람들을 속였다는 생각에 괴로워했어요. 오랜 시간 고민한 끝에 어머니에게 최면술에 걸렸던 일은 장난이었다고 고백했지요. 하지만 어머니는 코웃음을 치며 믿어 주지 않았어요. 당연하죠! 자신의 거짓말을 몇 년 뒤에나 고백했거든요.

이 장난꾸러기 소년은 훗날 세계적인 소설을 써서 발표합니다. 바로 『톰 소여의 모험』이라는 소설로, 미국 미주리주를 무대로 열 살 소년 톰과 단짝 친구 허클베리 핀이 모험을 펼치는 이야기지요. 소설 속 주인공들이 내뱉는 대사들을 보면 마크 트웨인의 평소 생각과 유머 감각, 그리고 그가 얼마나 심한 장난꾸러기였는지도 엿볼 수 있어요. 어릴 적부터 장난치기를 유난히 좋아했던 소년이었기에 가능한 일이었죠.

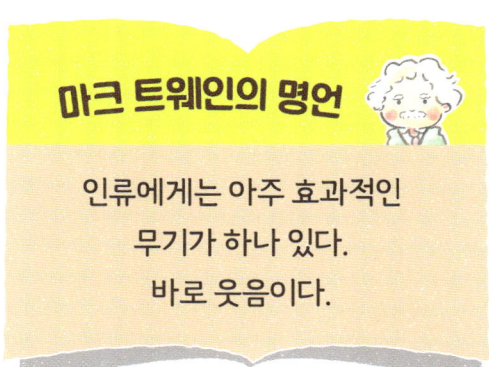

마크 트웨인의 명언

인류에게는 아주 효과적인 무기가 하나 있다. 바로 웃음이다.

23 만들기가 좋아!

만들기에 푹 빠진 소년, '만유인력의 법칙'을 발견하다
뉴턴
1642~1727, 영국

만유인력의 법칙을 발견한 근대 과학의 아버지, 뉴턴.
그의 과학적 사고력은 '만들기'로 키워졌다!

모든 물건은 서로 끌어당기는 힘, 즉 '인력'을 가지고 있어요. 다만, 지구의 인력은 어마어마하게 세기 때문에 지구 위의 모든 것은 그 힘으로 인해 끌어당겨져서 땅으로 떨어지게 됩니다.

이 '만유인력의 법칙'을 발견한 아이작 뉴턴. 뉴턴은 무엇이든 직접 '만들기'를 너무나 좋아하는 소년이었답니다!

한때 뉴턴은 풍차에 푹 빠진 적이 있어요.

그 당시 풍차는 신기한 구경거리였을 정도로 쉽게 볼 수 있는 것이 아니었어요. 그런데 열두 살 때부터 다녔던 학교 주변에 커다란 풍차가 하나 있었고, 호기심 많은 뉴턴이 이를 그냥 지나칠 리가 없었지요.

풍차 안을 들여다보니, 천장에 커다란 톱니바퀴 여러 개가 돌아가고 있었어요. 그리고 톱니바퀴에서 쭉 뻗어 나온 막대기 끝에 있는 기계가 밀을 빻고 있었지요.

'약한 바람에도 풍차가 돌아가면 좋겠는데. 그러려면 날개를 가볍게 만들고, 각도를 조정해서…….'

맞아요! 뉴턴은 자기가 직접 풍차를 만들어 보고 싶어진 거예요.

풍차의 구조를 이해한 뉴턴은 곧바로 재료를 구해 풍차 모형 만들기에 도전했어요. 하지만 처음 만든 풍차는 균형이 잘 맞지 않았는지 돌아가기는커녕 바로 부서져 버렸지요. 그렇게 몇 번의 시행

착오 끝에 마침내 풍차를 완성했고, 그것을 지붕 위에 달아 놓았어요. 사람들은 그 풍차를 신기하게 바라보았지요.

"어? 저 풍차 좀 봐. 바람이 거의 없어도 돌아가잖아?"

사실 뉴턴이 만든 풍차는 단순히 크기만 작은 모형이 아니었어요. 풍차 속에는 뉴턴의 기발한 아이디어가 숨어 있었지요. 바로 풍차 안에 먹이를 매달아 놓고, 쥐 한 마리를 넣어 둔 거예요. 쥐는 먹이를 먹기 위해 톱니바퀴 위를 달리기 시작했고, 그러면 풍차가 돌아갔지요.

"이건 바람과 쥐의 힘을 동시에 이용한 새로운 풍차라고!"

사람들은 뉴턴이 만든 풍차에 감탄을 금치 못했습니다.

이렇듯 만들기에 푹 빠진 소년 뉴턴의 방은 온갖 잡동사니와 도구로 가득했어요. 그것은 뉴턴이 남의 집에 얹혀 살 때도 마찬가지였죠.

바람 없이도 톱니바퀴가 굴러가게 하는 방법을 생각해 내다!

뉴턴은 클라크라는 약제사 집에서 살았던 적이 있어요. 학교와 집이 너무 멀어서 그의 집 다락방을 빌려 쓴 거예요.

그런데 클라크 씨의 집마저 뉴턴이 만든 온갖 공작물들로 가득 차 버렸답니다. 특히 자리를 많이 차지한 것은 '해시계'였어요. 해시계는 둥글고 넓적한 원반 한가운데에 막대기를 세워서 만드는데, 해에 비쳐 생기는 그림자의 위치와 길이로 시간을 재는 시계예요. 뉴턴은 해시계 만들기에 몰두해서 자신의 다락방뿐 아니라 현관과 거실 등 볕이 드는 곳이면 어디든 해시계를 만들어 뒀지요.

심지어 벽에 못을 박아 놓고, 햇빛이 비쳐서 생긴 그림자를 시간마다 표시해서 벽을 통째로 해시계로 만들었어요.

뉴턴의 해시계 만들기

① 판자에 아침, 점심, 저녁 표시를 해 둔다.

② 막대기를 세워 둔다!

③ 그림자가 가장 짧아졌을 때가 12시!

뉴턴은 천장에도 해시계를 만들었어요. 해가 잘 드는 창가에 거울을 놓은 뒤, 천장으로 반사되는 빛의 위치를 이용해서 시간을 확인하는 시계였죠. 결국 클라크 씨의 집 전체가 만들기 재료가 되어 버렸답니다.

"지금이 몇 시니?"

"오후 3시를 지나고 있네요!"

뉴턴은 자기가 만든 해시계 덕분에 누군가 시간을 물어보면 재빨리 답해 줄 수 있었고, 이웃 사람들도 뉴턴의 해시계에 점점 의지하게 되었어요. 더불어 만들기에 푹 빠져 있는 뉴턴의 유명세는 마을 전체에 퍼져 나갔어요.

양이 도망치는 줄도 모르고 만들기에 몰입했다!

뉴턴의 명언

끝까지 하라.
나의 가장 소중한 발견은
인내였다.

하지만 학교 성적은 뚝뚝 떨어졌답니다. 만들기에만 푹 빠져 있고 공부를 소홀히 했으니까요. 어머니는 뉴턴에게 학교를 그만두고 농장 일을 하라고 했어요.

농장 일을 하면서도 뉴턴의 머릿속은 뭔가를 만들 생각으로 가득했어요. 양들이 다 도망치는 줄도 모르고 물레방아 만들기에 몰두하거나, 만들기 아이디어를 떠올리는 데 푹 빠져 있다가 들고 있던 고삐에서 말이 빠져나가는 지도 몰랐지요. 뉴턴 때문에 농장의 손해가 이만저만이 아니었답니다. 결국 어머니는 뉴턴에게 농장 일 시키기를 포기했고, 뉴턴은 학교로 돌아갈 수 있었어요.

훗날 사과나무에서 사과가 떨어지는 것을 보고 그 유명한 '만유인력의 법칙'을 발견한 뉴턴. 어린 시절 풍차나 해시계 등 온갖 것들을 만드는 과정에서 과학적 원리를 고민한 것이 어쩌면 뉴턴을 천재 과학자로 만들어 준 것일지도 모릅니다. 이처럼 좋아하는 것에 몰입하는 힘은 참 대단합니다.

24 조개가 좋아!

조개를 줍다가 퇴학까지 당한 소년, 동물학자가 되다
에드워드 모스

1838~1925, 미국

조개에 빠져 살다가 세 번이나 퇴학당한 소년.
그는 어떻게 유명한 동물학자가 되었을까?

미국의 항구 도시인 포틀랜드에서 태어난 에드워드 모스는 어릴 때 매일같이 조개와 고둥을 찾아다녔어요. 당시 이 마을에서는 반짝반짝 빛나는 예쁜 고둥을 집에 장식하는 것이 유행이었거든요. 보통은 크기가 크거나 색이 예뻐서 눈에 띄는 것들을 좋아했지만, 모스는 달랐어요. 아무도 거들떠보지 않는 작고 소박한 달팽이나 조개 종류도 열심히 모았답니다. 모스의 눈에는 하나같이 다 멋져 보였어요. 뿐만 아니라 그 신비한 구조에 마음을 빼앗겨 모은 것들에 이름을 적고 분류까지 했지요.

열두 살 무렵에는 마을의 조개를 전부 조사하겠다고 선언했어요.

모스는 조개 생각만 하면 좀이 쑤셔서 가만히 있지 못했어요. 몰래 학교를 빠져나와 조개를 찾아 모험을 떠나기도 했지요. 어쩌다 학교에 있을 때도 수업은 뒷전이고 책상에 조개 그림을 새겨 놓곤 했어요.

"넌 이제부터 학교에 나오지 말아라!"

결국 학교에서 쫓겨난 모스. 그런데 새로운 학교에서 존이라는 친구를 만나게 돼요. 존 또한 모스처럼 조개를 좋아했는데, 두 사람은 열여섯 살 여름에 조개를 찾아 여행을 떠나게 됩니다.

"앗! 왼돌이물달팽이다!"

둘은 곧장 머리 옆에 손가락을 뿔처럼 세우고 서로를 향해 몸을 부딪쳤어요. 왼돌이물달팽이 흉내였죠.

운명적으로 만나 평생의 친구가 되다!

윈돌이물달팽이는 서로 부딪치며 싸우는 습성이 있거든요. 둘은 그렇게 한참을 몸을 부딪치며 놀고는 배가 아플 정도로 웃었어요. 좋아하는 친구와 함께 좋아하는 것을 하니 너무나 즐거웠던 거예요.

모스와 존은 그 후로도 쭉 친하게 지내며 평생의 친구로 남았답니다. 다만, 여전히 학교 수업에 소홀했던 모스는 이 학교에서도 퇴학을 당했어요.

그 무렵, 모스가 수집한 조개는 박물관 못지않게 종류도 다양하고 양도 많았어요. 또 조개 하나하나에 라벨을 붙여 표본을 만들어 뒀지요. 모스의 수집품은 날로 유명해져서 나중엔 외국에서까지 조개를 보러 왔답니다.

어느 날, 한 박물학자가 모스를 찾아왔어요. 박물학자는 모스가 찾아낸 달팽이를 보고 깜짝 놀랐지요.

"이럴 수가! 이건 새로운 종이네."

점점 더 유명해지는 모스!

　모스가 발견한 달팽이는 이제까지 알려지지 않은 새로운 종이었고, 이 만남을 계기로 모스는 박물관에서 일하게 됩니다.

　연달아 학교에서 퇴학을 당했던 모스지만, 나중에는 조개류를 연구하던 학자의 조수가 되어 학자의 길을 걷게 돼요. 서른세 살엔 보든 칼리지 대학에서 동물학을 가르치지요.

　훗날 모스는 미국에서 멀리 떨어진 일본으로 건너갑니다. 섬나라인 일본에 조개류가 많다는 것을 듣고 결정한 일이었지요. 모스는 도쿄 대학에서 동물학과 생리학을 가르치며 여러 과학자를 배출합니다. 또 모스의 연구로 인해 일본 고고학이 크게 발전하게 되었답니다.

　어린 시절 조개에 푹 빠져 지내다가 여러 번 퇴학을 당한 에드워드 모스. 하지만 '좋아하는 일'에 대한 열정이 모스를 결국 훌륭한 과학자이자 교육자로 만들었답니다.

에드워드 모스의 명언

자연과 꽃, 그 모든 것이 웃고 있으니 아름다운 것이다.

25 전쟁놀이가 좋아!

전쟁놀이에 푹 빠진 소년, 영국의 영웅이 되다

처칠

1874~1965, 영국

**영국의 뛰어난 정치가이자 노벨 문학상 수상자인 윈스턴 처칠.
처칠은 어린 시절 장난감 병정을 끼고 살았다!**

제2차 세계 대전을 승리로 이끈 영국의 영웅, 윈스턴 처칠. 가장 위대한 영국인으로 손꼽히는 처칠이지만, 어린 시절에는 누구도 그가 위인이 될 거라고는 상상하지 못했어요.

꼬마 처칠은 또래보다 모든 면에서 뒤처지는 아이였어요. 성적은 전 과목 낙제에 운동도 못 하고, 게다가 선생님 말도 잘 듣지 않았지요. 꼴찌 반에서도 맨 꼴찌였답니다.

하지만 집에 돌아오면 용감한 군인으로 변신했어요! 맞아요, 소년 처칠은 '전쟁놀이'를 너무너무 좋아했답니다.

"잭, 넌 적군이야!"

"또 형이 영국군이야? 나빴어."

열두 살의 처칠은 고작 여섯 살짜리 동생 잭과 질리지도 않는지 날이면 날마다 전쟁놀이를 했어요.

처칠은 당시 유럽 남자아이들 사이에서 큰 인기였던 금속제 장난감 병정이라면 사족을 못 썼어요. 용돈을 받는 족족 사 모으다 보니 장난감 병정이 자그마치 1,500개나 됐어요! 어른들도 이런 처칠을 못 말린다는 표정으로 지켜보면서도 자신이 가지고 있던 장난감을 물려주기도 했답니다.

처칠은 전쟁놀이를 하면서 작전을 짜고 지휘하는 것을 특히 좋아했어요.

"성 앞에 포문 열 개를 배치했다. 먼저 기병대 출격!"

그렇게 동생과 함께 한창 신나게 놀고 있을 때, 아버지가 들어왔어요. 잠자코 전쟁놀이를 지켜보던 아버지가 물었어요.

"처칠, 넌 군인이 되고 싶으냐?"

"네!"

소년 처칠은 씩씩하게 대답했어요. 바로 그 순간에 처칠의 진로가 결정된 것이랍니다. 아버지는 전쟁놀이에 푹 빠져 있는 아들에게 군인밖에 길이 없다고 생각한 거예요. 마음 한편으로는 처칠이 자기처럼 정치가가 되길 바랐지만, 아들이 좋아하는 것을 지지해 준 것이죠.

공부를 못했던 처칠은 사관 학교에도 거의 꼴찌로 합격했어요.

그런데 사관 학교에서는 우등생으로 변신!

사관 학교에서도 제일 인기 없었던 기병대로 들어갔지요. 하지만 처칠은 뛸 듯이 기뻤어요. 동생과 함께 전쟁놀이를 할 때도 기병대를 맡았을 만큼 기병대를

처칠의 명언

돈을 잃는 것은 적게 잃은 것이요,
명예를 잃는 것은 크게 잃은 것입니다.
그런데 용기를 잃는 것은
전부를 잃은 것입니다.

좋아했거든요. 게다가 화려하고 멋진 제복에 자신의 말까지 가질 수 있으니 더할 나위 없이 좋았지요.

처칠은 공부에도 재미를 붙였어요. 전쟁놀이 때 실컷 했던 '작전 짜기'와 '성 만들기' 같은 걸 배웠으니까요. 땅을 파서 수로를 만들고, 울타리를 만드는 게 얼마나 재미있던지! 늘 꼴찌였던 처칠은 사관 학교를 우수한 성적으로 졸업하게 됩니다.

처칠은 제1차 세계 대전 때는 영국의 해군 장관을 맡았고, 제2차 세계 대전 때에는 영국의 총리를 맡았어요. 총리가 된 처칠은 뛰어난 리더십으로 제2차 세계 대전을 승리로 이끌었지요. 또 전쟁 경험을 바탕으로 쓴 『제2차 세계 대전』으로 노벨 문학상을 수상하게 됩니다.

보세요, '좋아하는 것'은 역시 잘하기 마련이죠?

칼럼 ③

모두 함께 풀어 보는
위인 퀴즈

이 책에 소개된 위인들은 하나같이 어릴 때 좋아하는 일에 푹 빠진 사람들이었어! 책을 읽고 가족이나 친구와 함께 퀴즈를 풀어 봐. 문제가 어려우면 힌트에 적힌 페이지를 다시 한번 읽어도 좋아!

예를 들면 이런 퀴즈는 어떨까?

Q1

『젊은 베르테르의 슬픔』으로 유명한 작가 괴테가 사랑하는 여성에게 보낸 연애편지는 몇 통일까?

1. 500통
2. 1000통
3. 1500통

힌트! 82~85쪽을 읽어 봐!

Q2

베토벤이 어릴 때, 아버지의 혹독한 피아노 레슨에 반발하듯이 몰입했던 것은?

1. 즉흥 연주
2. 발로 연주
3. 악보를 그렸다

힌트! 66~71쪽을 읽어 봐!

원하는 것은 뭐든 다 직접 만들었던 라이트 형제. 만들기 전에 무엇을 먼저 하는 게 중요하다고 생각했을까?

① 도구를 갖춘다
② 재료를 선택한다
③ 도면을 그린다

힌트! 108~113페이지를 읽어 봐!

만들기의 달인이었던 뉴턴은 풍차를 보고 자신도 풍차 모형을 직접 만들었어. 그 풍차에 더한 기능은?

① 밀을 가루로 빻을 수 있게 했다
② 쥐의 힘으로 풍차가 돌아가게 했다
③ 반짝반짝 빛나게 했다

힌트! 126~131쪽을 읽어 봐!

제임스 와트가 운영했던 수리점에 앤더슨 교수가 들고 온 운명의 도구는?

① 모형 증기 기관
② 나침반
③ 모형 배

힌트! 54~59쪽을 읽어 봐!

20세기 최고의 화가인 피카소가 여덟 살 때 처음 그린 유화의 제목은?

① 피카도르
② 게르니카
③ 사랑과 평화

힌트! 82~85쪽을 읽어 봐!

미국의 동물학자 에드워드 모스가 어릴 때 좋아했던 것이 아닌 것은?

① 윈돌이물달팽이
② 맘모스 뼈
③ 조개

힌트! 132~135쪽을 읽어 봐!

Q8

열네 살의 레오나르도 다 빈치에게 방패 디자인을 맡긴 아버지. 완성된 방패를 보고 깜짝 놀란 이유는?

① 고래 화석이 붙어 있어서
② 무서운 용이 조각돼 있어서
③ 귀여운 천사가 그려져 있어서

힌트! 62~65쪽을 읽어 봐!

정답
Q1③ Q2① Q3③ Q4① Q5① Q6① Q7② Q8②

마치며

저는 여러분과 비슷한 나이에 크게 좋아하는 것이 별로 없었어요. 게다가 친구들에게 따돌림을 당한 아픈 기억도 있고, 왜 살아야 하는지 모르겠다고 생각했던 적도 있었지요.

그러다 열여덟 살 때 '그림책'에 관심을 가지게 됐습니다. 그림책을 좋아하는 여자친구에게 잘 보이기 위해 그림책을 만들고 있다고 떠벌리고, 혼자서 무작정 그림책 작업을 시작했어요. 그런데 계속하다 보니 너무나 재미있는 거예요! 그러니 푹 빠져서 열심히 그릴 수밖에요.

그렇게 혼자서 만든 그림책이 어느덧 천장에 닿을 정도가 되었고, 딱 300번째에 그림책 작가가 되었답니다. 그 후로 재미있게 작업을 이어나가면서 250여 권의 그림책을 냈지요. 지금은 단 하루라도 그림을 그리지 않으면 손이 근질근질해서 견딜 수가 없을 정도랍니다.

지금은 무척 행복해요. 내가 좋아하는 것으로 사람들에게 기쁨을 줄 수 있으니까요.

작은 것이라도 괜찮아요. 꼭 세상을 바꾸는 엄청난 발명이 아니어도 좋아요. 내가 좋아서 하는 일을 기뻐해 주는 누군가가 있다면, 바로 그 누군가에게는 나도 위인이 될 수 있을지도 몰라요.

이 책을 통해 좋아하는 것에 몰입하는 여러분을 응원할게요. 파이팅!

노부미

SUGOI HITOHODO BUTTONDEITA! OTAKU IJINDEN

Copyright © 2021 Akiko Ogawa, Nobumi.
Original Japanese edition published by Ascom, Inc.
Korean translation rights arranged with Ascom, Inc.
through The English Agency (Japan) Ltd. and Danny Hong Agency

이 책의 한국어판 저작권은 대니홍 에이전시를 통한 저작권사와의 독점 계약으로 길벗스쿨에 있습니다.
저작권법에 의해 한국 내에서 보호를 받는 저작물이므로 무단전재와 무단복제를 금합니다.

아인슈타인부터 스티브 잡스까지, 좋아하는 것에 몰입하는 힘
좋아하는 힘으로 세상을 바꾼 위인들

초판 1쇄 발행 2022년 12월 16일

글 오가와 아키코 | **그림** 노부미 | **옮긴이** 고향옥
발행인 이종원 | **발행처** 길벗스쿨 | **출판사 등록일** 2006년 6월 16일 | **주소** 서울시 마포구 월드컵로 10길 56(서교동)
대표전화 (02)332-0931 | **팩스** (02)323-0586 | **홈페이지** school.gilbut.co.kr | **이메일** gilbut@gilbut.co.kr
기획 및 책임편집 김언수 | **제작** 이준호, 손일순, 이진혁
영업마케팅 진창섭, 강요한 | **웹마케팅** 지하영 | **영업관리** 정경화 | **독자지원** 윤정아, 최희창
디자인 미르 | **CTP 출력 및 인쇄** 두경M&P | **제본** 경문제책

* 잘못 만든 책은 구입한 서점에서 바꿔 드립니다.
* 이 책은 저작권법에 따라 보호받는 저작물이므로 무단전재와 무단복제를 금합니다.
  이 책의 전부 또는 일부를 이용하려면 반드시 사전에 저작권자와 길벗스쿨의 서면 동의를 받아야 합니다.

ISBN 979-11-6406-483-0 (73990)
(길벗스쿨 도서번호 200342)

제 품 명 : 좋아하는 힘으로 세상을 바꾼 위인들	주 소 : 서울시 마포구 월드컵로 10길 56 (서교동)
제조사명 : 길벗스쿨	전화번호 : 02-332-0931
제조국명 : 대한민국	제조년월 : 판권에 별도 표기
사용연령 : 10세 이상	KC마크는 이 제품이 공통안전기준에 적합하였음을 의미합니다.